本书为"北京高等学校青年英才计划项目（Beijing Higher Education Young Elite Teacher Project）"结项成果

人民日报学术文库

鞠宏磊◎著

大数据时代的精准广告

Dashuju Shidai De Jingzhun Guanggao

人民日报出版社

图书在版编目（CIP）数据

大数据时代的精准广告 / 鞠宏磊著. —北京：
人民日报出版社，2015. 8
ISBN 978 - 7 - 5115 - 3323 - 4

Ⅰ. ①大… Ⅱ. ①鞠… Ⅲ. ①广告学
Ⅳ. ①F713. 80

中国版本图书馆 CIP 数据核字（2015）第 190537 号

书　　名：大数据时代的精准广告
著　　者：鞠宏磊

出 版 人：董　伟
责任编辑：林　薇
图片制作：唐传金
封面设计：中联学林

出版发行：人民日报出版社
社　　址：北京金台西路 2 号
邮政编码：100733
发行热线：（010）65369527　65369846　65369509　65369510
邮购热线：（010）65369530　65363527
编辑热线：（010）65369518
网　　址：www. peopledailypress. com
经　　销：新华书店
印　　刷：北京天正元印务有限公司

开　　本：710mm×1000mm　1/16
字　　数：182 千字
印　　张：14
印　　次：2016 年 1 月第 1 版　2016 年 1 月第 1 次印刷

书　　号：ISBN 978 - 7 - 5115 - 3323 - 4
定　　价：42. 00 元

序　言

大数据时代已来。不只是玄炫的概念，更是实实在在、可见可感的现实。

充满魔力的大数据正日益对全球范围、各个领域产生重要而深刻的影响，增添新动力、提升新能力，激发新模式、催生新业态，创造新价值、孕育新理论。广告业亦不例外，甚至带有典型性。大数据强劲推动"精准广告"进入大发展时代，拉开了广告业更新迭代的大幕，此消彼长的精彩故事盛大上演。当下，广告业正在焕发新的面貌；未来，广告业将呈现前所未见的崭新格局。如此生动鲜活的广告新实践，自然酝酿着、呼唤着与之相应的广告新理论。研究者对此表现出浓厚的兴趣与极大的热情，倾情奉献了许多宝贵成果。这本《大数据时代的精准广告》，亦是在上述背景之下应运而生的一册系统的、有分量的作品——

它打开了一扇门。挂有"大数据精准广告"门牌的那座房子颇有"神秘感"，精准广告的技术基础与运作流程基本处于"黑箱"状态，外界不得而知。对广大消费者来说如此，对许多学术界和广告营销专业人士来说也是如此。这本书将这扇门徐徐推开，让大家能够步入其中，一窥大数据精准广告的真实面目，可以鸟瞰其在整个广告产业发展历程中的地位和历史阶段，可以观察其产业链条和关键环节的细部，对基于大数据的精准广告的主要运作模式和本质特征，对其整体框架与产业结构，对其产业与社会效应，获得一个系统的了解与认识，从而与大数据精准广告熟识起来。

它架起了一座桥。当前国内外关于大数据精准广告的研究成果弥足珍贵，但大多呈现出明显的技术主义倾向。正如早期被称为"计算广告"，为数不少的研究者认为大数据精准广告的实质是研究如何利用计算的方法求解广告活动中各类问题。这种倾向造成其与传统广告理论研究呈现裂痕，使得传统广告理论精髓以及早先模拟时代精准广告的实践在大数据时代缺乏应有的传承。这本书跳出固有的视角，突破技术瓶颈，在厘清精准广告发展理论脉络和实践进程的基础上，探索大数据背景下精准广告在消费者定位、系统结构、程序性创意等多方面的创新，从而搭起一座联通传统广告理论与大数据精准广告理论的桥梁，以传承和延伸的视角，弥补广告研究在传统时代与大数据时代的裂痕。

它铺设了一段路。"忽如一夜春风来，千树万树梨花开。"时下大数据精准广告的发展让人眼前一亮，但随即又有"乱花渐欲迷人眼"之感。面对纷繁景象，研究从何处切入，向何方掘进？这本书精心搭建了一个大数据精准广告的研究框架，从厘清精准广告来龙去脉入手，对其本质特征、系统架构、技术逻辑、关键环节等条分缕析，进而从产业重构和社会影响的宏观视野做出思考。这为进一步的研究提供了参照，奠定了基础。同时书中提出的若干问题，如广告创意这朵昔日耀眼之花会否因"机器写稿"而凋零？精准广告将如何影响网络文化与社会心理？消费者信息使用的边界何在？亦是未来研究很有意义的课题。

基于大数据的精准广告是正在进行的时代变革与日新月异的技术应用在广告营销领域的映射，用“未知远大于已知”来形容并不过分。变革未有穷期，技术时时更新，精准广告必然将继续不断演进，现有的一切研究成果回看时都将是“初探”“浅议”。但无论如何，这本书呈现出的丰富内容以及研究框架都颇具价值，值得细读、深思。

郭庆光

2015 年 8 月

（作者系中国人民大学新闻与传播学院执行院长、北京网络媒体协会监事长，教授、博士生导师）

目 录
CONTENTS

第一章

绪论:精准广告的前世与今生

“广告”,从其原始和字面的意义上讲,常被解释成“广而告之”,即通过特定的传播方式将企业及产品的信息通过某些传播渠道或传播媒介进行广泛传播的过程。因此,基于大众传播媒介的“广泛传播”在广告业的发展历史中长期占据主流。同时随着现代社会商品的丰富化、媒介和传播渠道的多样化、人们生活方式的变化以及逐渐形成的新的社会分层,广告活动的功能也更加多元:推广产品信息,与消费者进行情感沟通,建立企业或产品的品牌效应等等。但无论基于怎样的功能和目标,将商业信息精确的送达给目标消费者,完成“精确制导”,一直是广告主追求的重要目标。正因如此,“精准广告”在广告业的发展历程中具有独特的地位,在广告业一百多年的发展历程中,在不同的技术及社会发展阶段,关于“精准广告”的探索不断向前推进。

第一节　不断求“准”的市场细分理论

从理论与思想脉络上来讲,精准广告并非“突发奇想”,它区别于大众市场营销(Mass Marketing),深植于目标市场营销理论,得益于市场细分理论的不断演进。

一、市场细分理论的诞生

市场细分是现代营销的起点和根基，长期被认为是现代市场营销学中最为基础的概念，甚至被认为是“市场营销学的本质和精华”①。市场细分(Market Segmentation)的概念是美国营销学教授温德尔·史密斯(Wendell R. Smith)在1956年的文章《新的营销策略：产品多样化与市场细分》中提出来的。他在美国上世纪60年代现代工业逐步发展、市场规模迅速扩大的背景下，提出“生产者供给产品的多样化”和“消费者需求的多样化”是“市场细分策略”的两个前提。他认为“市场细分是基于需求方的发展，代表着对产品更加理性和准确的判断，使得营销更好地去满足顾客的需求。”尽管这篇言简意赅、提纲挈领的理论文章没有提供任何具体的应用性建议，温德尔还是先见性的指出“精准”和“科学的方法”是通往市场细分的有效途径：作为一种新的营销策略，市场细分应能够“准确”地满足消费者需求，因此在解决市场营销问题的过程中应用科学的方法将获得丰富的成果。②

二、市场细分的主要方式

市场细分理论试图走出大众营销的“轰炸式”营销模式，将市场划分为不同的消费者群体，让有着共同需求的消费者组成细分市场。因此，通过什么样的标准、方法和路径来有效地辨别消费者，从而去调整市场策略，满足不同细分市场的需求，一直是市场细分理论乃至整个市场营销理论的重点内容。

---

① Sheth, J. N. (1967), *A review of buyer behaviour*, Managment Science, 13(12), pp. 719-756

② Wendell R. Smith (1956), *Product differentiation and market segmentation as alternative marketing strategies*, Journal of Marketing.

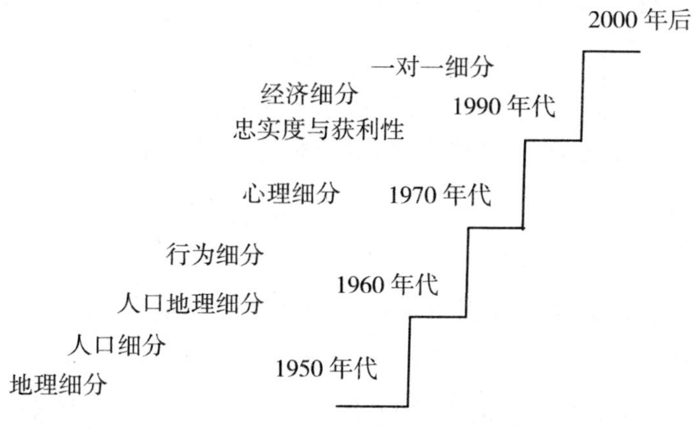

图1-1:市场细分理论的演进①

1. 宏观细分:从地理细分到人口统计学细分

对市场细分的早期思路是从消费者所处的外部环境入手的,也被称为宏观细分。这种消费者细分的基本假设即认为人口特征与客户需求之间有着特定的联系。地理细分(Geographic Segmentation)被认为是最早的市场细分方式。上世纪50年代,产品生产者的生产与销售还局限于地理的限制。"小型的生产者希望他们的投资和销售渠道并不是大到覆盖整个国家,而是在有限的区域内销售他们的产品。"②因此,地理细分也被认为还是一种生产者导向的细分方式。

按照人口普查的数据分类去寻找消费者,是简单易行的市场细分方法。一些研究者发现,消费者的年龄、性别、职业、民族、收入、家庭类型、家庭人口数、学历等因素,对消费者的消费需求有着广泛的影响,这种分类方法被称为"人口统计细分"(Demographics Segmentation)。后来,地理

---

① Jeff Zabin, Gresh Brebach, *Precision Marketing: The New Rules for Attracting, Retaining, and Leveraging profitable customers*, John Wiley & Sons, 2004, P33,在图1.1的基础上修正并绘制。

② Haley, R. L (1968), *Benefit segmentation: A decision - oriented research tool*, Journal of Marketing, 32(3), P 30 - 35.

因素与人口统计学因素相结合所构成的“人口地理”(Geodemographics)因素也被加了进来,例如居住的地理区域、人口密度和气候状况也成为进行市场细分的指标。由于人口统计数据分类细致、收集方便并具有连续性,这种分类方法曾被认为是最受欢迎的区分消费者群体的方法。① 尽管如此,在后来的研究中这种市场细分的方法也饱受诟病。一些研究者认为,消费者对产品的选择与年龄、性别、收入等人口统计学指标并没有必然的联系,他们并不是能有效地区分消费者的变量。

2. 微观细分:从行为细分到心理细分

宏观细分对于消费者的细分过于笼统。例如,人口统计学细分假设居住在同一区域、同一年龄或收入阶段的人会具有相似的消费需求,但许多营销实践表明,具有相同人口地理特征的消费群在面对相同的营销变量(如广告、促销、定价等)时反应并不一样。因此,基于“人”的市场细分思路逐渐呈现,心理细分和行为细分即是这一思路下的产物。这种细分方式以“人”为中心,从消费者内在的心理、行为来挖掘深层次的市场假设,这类市场细分方式也被称为微观细分。

行为细分(Behavioral Segmentation)的前提是假设人的行为具有持续性和可预测性,消费行为、购买频率等要素是消费者属性的有效注脚,而且从一次消费行为可以判断之后的消费的可能性。消费者购买或使用某种商品的时间、购买数量、购买频率、对品牌的忠诚度等变量都是行为细分的重要指标。1960 年代,心理细分(Psychographic Segmentation)的出现使得对市场细分的研究更加复杂,诸如“个性”“生活方式特征”“兴趣”等成为新鲜的研究素材。较早的一项将消费行为与性格特点联系起来的研究是梅森·海尔(Mason Haire)著名的速溶咖啡测试。这项研究请被访者描述购买雀巢速溶咖啡与购买麦斯威尔研磨咖啡的家庭主妇在他们心目中的印象。结果表明,购买雀巢速溶咖啡的家庭主妇被认为是懒惰

---

① Kotler, P. (1984), *Marketing Management: Arutlysis, Plarming and Control* (5th edition), Englewood Cliffs, New Jersey, Prentice – Hall, P250 – 276.

而不善于安排生活的,而购买麦斯威尔研磨咖啡则被认为是勤俭持家的好主妇。此类研究在上世纪 60 年代到 70 年代非常盛行。例如 Koponen (1960)在关于吸烟者的研究中,通过使用“爱德华兹个人偏好量表”发现男性对香烟的消费与“男权”“进攻性”“成就感”这些心理特征具有高度相关性。① 又如,一系列使用心理学“罗基奇独断性量表”的研究,不断探索时尚和化妆品与人的独断性的关系。Jacoby (1971) 发现那些具有低独断特征的女性更容易做出创新性的选择。② Coney (1972) 将这项研究延伸到男性和其他产品,确认具有低独断性格的人更易成为创新者。③ 而 Blake(1973)等人的后继研究则认为,与独断性相关的是人们对新产品的接受程度而不是对创新性产品的接受程度。④ 将心理学的视角和研究工具引入消费者细分领域在 70 年代以来激发了大量的实证研究,但直到 90 年代早期,这种研究范式鲜有突破,只是在原有框架内完成一些量的积累。

3. 强调“获利”的消费者细分

上世纪 90 年代中期,对消费者细分的研究进入了新的阶段,这得益于研究目标的扩展,即首次将研究目标从“获得消费者”转移到如何“留住消费者”的问题上来。这一根本性转变促成了新的细分标准:“消费者的忠实度与获利性”(Loyalty and Profitability)。这一阶段,研究者们发现:“比起维护现有的消费者,获得新的消费者将花费更大的成本”。⑤

---

① Koponen A. (1960), *Personality characteristics of purchasers*, Journal of Advertising Research, 1(1), P 6 – 12.

② Jacoby, J. (1971), *Multiple indicant approach for studying new product adopters*, Journal of Applied Psychology, 55(4), P384 – 388

③ Coney, K. A. (1972), *Dogmatism and innovation: A replication*, Journal of Marketing Research, 9(4), P453 – 455.

④ Blake, Brian F. and Robert Perloff. (1973), *The effect of intolerance of ambiguity upon product perceptions*, Journal of Applied Psychology, 58(2), P23& – 243

⑤ 据考证,最早进行这项研究的是上世纪 80 年代美国 Technical Assistance Research Project (TARP) 项目(Washington, D. C),研究者认为获得新消费者的成本是维护现有消费者成本的 5 倍。

“忠诚度细分”在市场细分的研究中占有重要地位。对精准营销来说,具有重要的意义,因为它需要根据以往的消费数据和消费特征,辨别消费者对这个产品或品牌的热衷程度,以及消费者持续消费的可能性。此时,消费者细分的研究开始进入到整合数据,并以“获利”为目标对消费者进行辨别的阶段:是否是产品或品牌的用户,是否会持续消费,是否可能成为未来的消费者。这个阶段的目标是营销者应提供什么样的产品、服务或者价值,使得营销信息能够更好地渗入到这些消费者的生活,同时能够打开他们的钱包,绑定他们的银行账号。通过这种方式,营销者可以减少营销成本,甚至可以去“清理”那些非目标消费者。也就是说在这个阶段,理论开始认为应该把有效的资源使用在有价值的消费者身上。

接下来的一个阶段被称为“经济细分”(Economic Segmentation),它沿袭了“忠诚度细分”的思维,并使用所谓的“预测分析”(predictive analytics)来探析每一个客户的长期价值,并以此完成消费者细分。这个思想的重要之处在于,不仅仅是要对现存的消费者有区分性的提供产品和服务,而且要用现有的消费者的共同特点作为细分的标准,完成对未来消费者的分析,准确找到目标消费者的“人群画像”,即通过现有消费者的信息定位潜在的消费者。这不仅仅是用来保持现有的消费者,而且能够吸引潜在消费者的注意力并且影响整个市场营销的进程。经济性细分推进了面向消费者的更加准确的定位。

4. 超级细分:一对一的消费者定位

“一对一消费者细分”又被称为“超级细分”,这是由美国市场咨询专家皮泊和罗格(Peppers and Rogers)提出的概念,这个概念的提出意味着市场细分已经进入细分的最小单元,意味着从理论上已经进入细分的最后阶段。所谓一对一细分指的是,通过辨别消费者及其个性需求,提供相应的产品和服务。①一对一营销意味着将会给消费者带来巨大的满足感,

① Peppers, D. and Rogers, M. (1993), *The One to One Future: Building Relationships One Customer at a Time*, Currency Doubleday, New York, NY.

并因此而带来对产品和服务的忠诚度,从而具有不可辩驳的优势。尽管这一理论具有强大的吸引力和高度的逻辑性,但是在很长的时期内,在一些研究者以及营销实践者看来,一对一营销并没有可能实现,其理论价值远远重于实践价值。例如他们认为一对一营销不应局限在产品和服务的层面,而更应该是渗入到组织内部,成为企业文化的一部分;一对一营销带来的益处包括:聚焦于那些为企业带来效益的消费者,与顾客建立长期的关系,注重客户反馈从而提高产品性能等。如果没有技术的不断提升和“大数据”的积累和应用,一对一营销不过是“看起来很美”的概念,而经过 20 多年的时间,如今这已经成为现实。

颠覆传统大众营销,市场细分理论的出发点,即使产品和服务找到最合适的消费者。上世纪 50 年代以来,在 60 多年的发展过程中,市场细分理论从外部环境走向消费者个体,从宏观观察走向心理监测,从群体细分到个体细分,从事前细分(如人口统计细分)到事后细分(如心理细分、利益细分等)。不管是从生产者的角度还是从消费者的角度,这一理论都自然而然地走向对消费者作为独特的“人”的特性的发掘,自然而然地走向了一对一的精准营销。而以市场细分理论为基础的精确营销实践,则呈现出更加丰富精彩的历史进程。

第二节 小数据时代的精准营销及其瓶颈问题

在精准营销的发展历程中,如何找到与产品相对应的“真正的消费者”是贯穿始终的关键问题。从街角杂货铺到直复营销,从直复营销到数据库营销,在大数据到来之前,营销对“精准”的追求从未止步。

一、从街角杂货店到无店铺销售

著有《精准营销》的美国研究者杰夫·扎宾(Jeff Zabin)在其著作中

描绘了1900年美国小镇街角杂货店老板的营销方式:“他知道他所有顾客的姓名,并能够观察他们的日常生活。他知道他们买了什么东西,知道他们花了多少钱——以及他们以后会怎么逐渐消费。他知道他们喜欢什么,不喜欢什么,了解他们每个人过去的事儿,他们的朋友圈子以及他们的家庭,他甚至知道他们关于未来的梦想。”①在杰夫·扎宾看来,街角杂货店老板通过其日常性的接触,对其顾客信息收集的深度及广度已经远远超过了今天的企业能够获取的消费者信息。的确,每个人的记忆里似乎都有这样一个八面玲珑、无所不知的“街角杂货店老板”,他是恬静的乡村生活的人际网络关键点。然而尽管这个典型农业社会营销的情形完美地实现了“精准”甚至“个性化”,但还只是“小作坊”式的精准。

对于“求准”的商业模式而言,可以追溯到区别于店铺销售的另一种零售业形式——邮购。最早的邮购目录出现在15世纪中期的欧洲,在古登堡(西方活字印刷发明者)之后就出现了。据记载,一个叫 William Lucas 的英国园丁早在1667年就发出了他的园艺目录,而18世纪末的英国已经有各种各样的邮寄产品目录了。② “邮购”是商家通过向消费者寄送产品目录等方式发布产品信息,消费者通过邮寄订单向邮购商店订货,邮购商店在接到订单以后把商品按照顾客指定的地址邮寄给顾客的销售过程。因此,这种销售模式也被称为目录零售业(Catalogue Retailing)。目录零售业改变了传统销售流程中从产品制造商到批发商,再到零售商,最后达到消费者的漫长过程,大大缩短了销售流程,将销售直接从厂商到达目标消费者,成为最早的无店铺销售模式。(如图1-2)。

---

① Jeff Zabin, Gresh Brebach, *Precision Marketing: The New Rules for Attracting, Retaining, and Leveraging profitable customers*, John Wiley & Sons, 2004, P24

② Lisa Spiller, Martin Baier, *Contemporary direct marketing*, Pearson Education Inc. 2005. New Jersey. P 10

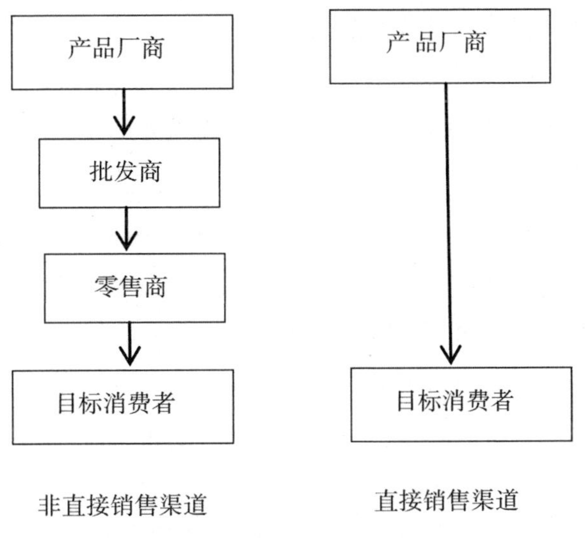

图1-2:直接销售与非直接销售的区别

所以,在那个时代,直接性市场营销(Direct Marketing)几乎等同于邮购,意味着通过邮购目录将产品从生产者直接到达消费者而不经过任何中间商或中间渠道的营销方式,直到"直复营销"的提出。

二、直复营销的诞生

20世纪60年代,长期从事直邮业务广告代理的美国人莱斯特·伟门(Lester Wunderman)发觉:"在未来10年中,如果传统的邮购广告行业仍遵循过去的模式,这个行业将会持续地衰退,它将会被一个全新的、更有效率的直复营销模式所取代,因为凭借自动化的库存管理、运输及收账服务,以及有科学根据的广告作业方式,直复营销将会是未来的主流。"① 进而他提出:"大规模地打广告、销售及生产只是短暂的历史阶段而已。在不久的将来,消费者将开始要求细的、一对一的小幅营销。大规模生产

① (美)莱斯特·伟门著,《直打正着:直复营销之父伟门的创想之旅》,中信出版社,2010年3月,第160页

及其营销系统虽然能为消费者提供廉价的产品,但却不能直接有效地与客户沟通,同时它所能提供的产品也无法满足每个人的个别需求。”可以说,莱斯特·伟门首次提出了以消费者个性化需要为导向的“直复营销”(Direct - Response Marketing)理念,丰富了传统“直接市场营销”的概念。

根据美国直复营销协会(Direct Markeing Association)的定义,直复营销指的是一个互动性的营销体系,使用一种或多种媒介实现可测量的营销效果并实现交易的过程。这个定义明确了直复营销的几个特别之处:第一,与传统营销模式不同,直复营销正如其名,是一个强调“互动性”的“双向”营销体系;第二,直复营销采用一种或多种传播媒介;第三,它强调营销效果必须是“可测量的”,即在“有效沟通”的同时,通过各种技术方法记录消费者“反馈”。这个定义在相当长的时间内被普遍的引用。

“直复营销”开创了新的营销理念,“直”是信息的传播方式和分销渠道上的直接,即通常通过非人员的媒介:电话、直邮杂志、邮购目录、电视、广播、报刊、电子邮箱等将产品或服务展示给顾客或潜在顾客;“复”强调的是营销者与消费者的关系是互动性的,消费者直接的反馈将促使企业建立与消费者的互动关系。在这样的理念下,20 世纪 80 年代以来各类信件营销、电话营销、电视购物、电邮营销风起云涌。但这个阶段的直复营销带来了两个问题:第一,在如何找到有需求或潜在需求的消费者方面依然乏善可陈;第二,正是由于上一个问题的存在,导致大量的垃圾信件、垃圾电邮、垃圾购物节目的出现,对消费者而言带来了极大的骚扰。毫无疑问,以“直复营销”之名,行垃圾广告“狂轰滥炸”之实绝不是真正的直复营销。

三、数据库营销

那么什么是直复营销的本质特征呢?研究者亨利·霍克(Henry R. Hoke)给出了直接而简练的回答:“数据库”。“真正的直复营销,必须有数据库的存在。这是只有那些拥有了当下的消费者、以往的消费者以及潜在的消费者正式邮寄名单的企业或机构才能玩的游戏,只有满足这个前提条件才能够真正拥抱直复营销。因此,直复营销不是邮购销售的代名词,不管通过什么样的渠道,在怎样的地点完成销售,数据库是用来产生销售的基础。"①

很多研究者认为,直复营销和数据库营销是非常相似的概念,"直复营销更多研究的是客户沟通的手段,它是一种销售方式,也是一种信息传播的方式,也是建立客户关系的方式。……而数据库营销将这种理念和营销技术落到实处。"②但事实上数据库营销更是直复营销发展的必然阶段和高级阶段。或者说,直复营销是市场细分理论的初步尝试,而数据库营销才找到了市场细分的方法。

"数据库营销"(Database Marketing)是"数据驱动的营销"(Database - driven Marketing)的简称。它指的是营销者以消费者信息数据库为基础数据和平台,建立与消费者关系的营销方式,是信息驱动的市场营销过程。③ 从20世纪80年代后期以来,直复营销的理念提出、消费者基础信息的丰富、信息收集和分析技术的发展,使得营销者有条件通过数据库营销来研发适合消费者个性特征的营销体验和营销策略。"这(数据库营销)已经不再是一个寻求应用的理念,而是在不同产业,不同规模企业的市场营销战略中起关键性作用的部分。……市场营销数据库的使用,使得任何公司都可以拥有自己客户的名单、购买信息,以及其他信息,从而可以更好的进行消费者的准确定位和细分。数据库可以允许去辨认和预测哪些消费者符合理想顾客的画像,并且以此来尝试从前没有过的营销策略。"④

---

① Henry R. Hoke, Jr in Herbert Katzenstein &William S. Sachs(1986), *Direct Marketing*, Columbus, Oh: Charles E. Merrill Publishing Company, P29 - 30

② 董红英,《精确营销对广告业的影响》,《广告大关(理论版)》,2008年2月

③ Vin Jenkins, Introduction to Direct Marketing, Longman Australia Pty, 1994

④ Jone E. Groman(1986), *Database driven Marketing*, MDM Review, Volume 1(1), April

表 1－1:直复营销与数据库营销的区别①

	典型的直复营销	数据库营销
营销属性	策略性	战略性
信息类型	姓名、地址、电话号码、购买记录	姓名、地址、电话号码、购买记录以及其他信息
信息处理变量	最近一次消费时间、消费频率、消费金额	最近一次消费时间、消费频率、消费金额以及其他变量
营销目标	单次销售	消费者终身价值
驱动力	事件驱动	进程驱动
目标人群	基于大众	基于以往消费者
效果测试方法	分割测试	细分/消费者测试
反馈机制	倾听反馈	倾听反馈及分析不反馈

总之,数据库营销使得人们在营销的“精准”之路上走出了更加扎实的一步。在数据库营销阶段,首先数据信息变得更加丰富。数据库信息中除了包括经常被采集的基础数据,如顾客的姓名、年龄、收入、婚姻状况、地址、邮政编码、电话号码、E－mail 地址等,还包括消费者的心理因素、活动、兴趣、观点等信息,更包括了关键的消费“交易性”数据,这包括每个顾客购买产品的品名、最近一次购买的时间、购买的频率、消费金额等,这个方法是最初分析消费者行为的主要方法,也被称为 recency/frequency/monetary(R/F/M)评估。通过一段时期内记录每个消费者购买的日期、购买量,将会有效的帮助营销者决定谁会在未来进行消费,并决定给谁以什么样的频率寄去什么样的产品目录。

其次,数据库在营销中的作用发生了根本性的变化。从为实施直复营销而收集顾客反馈的名录发展成为市场研究的基础分析工具,它可以

① Vin Jenkins, *Introduction to Direct Marketing*, Longman Australia Pty, 1994, P72

收集和管理大量的信息以便呈现出顾客的“基本状态”,它将市场营销行为首次推进到以个人数据为基础,与每个消费者展开“个性化”关联的阶段。到90年代中期,越来越多的公司意识到消费者数据库是其独有的商业资产。“广告主正在找到他们最终的产品使用者——通过姓名、地址、电话号码、家庭收入、生活方式、品牌偏好、个人品位及喜爱的事物。通过根据个人的需要和兴趣来服务这些客户,广告主获得了极大的满足和回报。你的客户数据库代表着企业的独有市场地位,通过它可以进行多元销售、交叉促销、探索新的分销渠道、检验新的产品、增加新的销售收入、开新店、建立消费者的终生品牌忠诚——这样,你的竞争者永远不知道你的下一步棋。”①但同时这也对数据化管理方法、管理技术、管理能力提出了更高的要求。

四、精准营销

2000年之后,营销的精准之旅又向前迈进了一步,“精准营销”(Precision Marketing)被提出来。在著名营销学者菲利浦·科特勒(Philip Kotler)看来,精确营销的定义正是广告业曾经的终极理想:“在合适的时间通过合适的渠道将合适的信息传达给合适的人”。② 2005年科特勒在其全球巡回演讲论坛上再次指出:“公司需要更精准、可衡量和高投资回报的营销沟通,需要更注重结果和行动的营销传播计划,还有越来越注重对直接销售沟通的投资。”③

在这个阶段,市场营销者开始关注更加深入的问题。例如,公司该如何整合不同消费者数据库的数据,从而更加全面的审视消费者?如何通过更好的数据挖掘,来洞察消费者细分的趋势?“技术”毫无疑问成为精

---

① Stan Rapp, Thomas L. Collins (1987), *Maximarketing: New Direction in Advertising, Promotion and Marketing Strategy*, New York, NY: McGraw - Hill Inc. P211

② Jeff Zabin, Gresh Brebach, *Precision Marketing: The New Rules for Attracting, Retaining, and Leveraging profitable customers*, John Wiley & Sons, 2004, P XV

③ 吕英斌,《网络营销案例评析》,清华大学出版社,2004年1月

准营销的首要推动力量。“精准营销在各方面对技术的应用堪称始终处于前列。2009 年所做的一次市场分析发现,基于技术的精准营销的市场规模达到了 1400 亿美元,年均复合增长率为 7% 。”①各种各样基于消费者数据的技术名词应运而生:“商业智能”(Business Intelligence)“机器学习”(Machine Learning)、“模式识别”(Pattern Recognition)等,这一系列基于数据分析与挖掘,进行多元素预测与决策的技术为真正的精准营销提供了利器。“技术的进步使得企业可以利用过去被低估的数据获得可行、可预测的客户洞察力,这一过程需要使用的数据收集、分析与建模工具便构成了精准营销的技术基础。”②

正因如此,精准营销的“正确的信息”呈现出超出以往任何阶段的“个性化”与“相关性”。“精准营销注重的是个性化信息的说服力与关联性的效力。通过精准营销,营销人员把针对客户的沟通、互动以及建议的内容与方式进行个性化定制,使其与营销人员所掌握的客户需求相关联,换言之,精准营销就是基于关联性的营销。”③在这个阶段,一些企业已经通过各种“会员俱乐部”或“忠实消费者计划”收集了大量的消费者数据,开始展开有针对性的精准营销。但问题依然存在:以企业为主体的数据库是小规模而不经济的,此类数据库无疑是数据“孤岛”,同时必须耗费大量的人力物力进行专业的开发和维护,因此真正应用数据库营销的企业非常有限。同时,这种精准营销的出发点是企业自身,在这个阶段还达不到社会化大生产的程度,无法解决在全社会范围内的精准营销问题,因此也就催生了在更广阔的社会空间内进行专业化大生产的大数据精准广告。

从街角杂货店老板到精准营销,小数据时代营销的“精准”之旅在不

① (美)Sandra Zoratti,Lee Gallagher 著;屈云凌,李珍 译,《精准营销:社会化媒体时代企业传播实战指南》,企业管理出版社,2013 年 9 月,第 8 页

② 同上,第 9 页

③ 同上,第 34 页

断的探索这样三个问题:第一,如何实现“大生产”的精准,而不是“小作坊”的精准;第二,如何洞察消费者的真正需求实现“精确制导”,而不是“随时骚扰”;第三,如何做到“专业化”+“高效率”的精准,而不是高投入的精准。可以说,在小数据时代,精准营销的产业化还无法大规模实现,存在成本高昂、难以实现精确化传播及个性化说服的瓶颈性问题。

第三节　大数据时代精准广告的发展现状与产业变革

大数据精准广告的出现,源自于互联网广告业不断发展进化的过程。技术变革、消费者的高度碎片化、数字媒体资源极大丰富和大数据的不断形成使得广告业的生态系统发生了革命性的变革。从“精准营销”到“精准广告”,变化的不仅仅是名字,而是在大数据技术条件下,广告主完全可以告别“小作坊”时代个别企业的自身营销策略,“精准广告”已经作为一种新的专业化的广告产品成长起来,实现了“精准”的社会化大生产。

一、大数据时代精准广告产生的背景和缘由

基于互联网和大数据的精准广告是广告主需求、互联网媒体特征与消费者行为变革的集中体现。这一方面是因为,互联网时代的消费者高度碎片化,使得以往依靠媒体声誉来覆盖消费者的模式逐渐失效,广告主需要通过更好的办法锁定消费者;另一方面与传统媒体资源相对稀缺、媒体之间区隔明显的特征有所不同,互联网媒体资源具有无限性,且高度分散,这使得广告主希望能够进行资源整合,从而能够完成最优的、整合的购买,提高广告投放的效率。面对纷繁复杂的互联网媒体、移动互联网产品以及各类电子商务平台,广告主亟需对分散的互联网媒体资源进行整合,从而能够完成方便、快捷、精准的广告购买。

同时,使得这种需求能够得以实现的前提条件是,信息技术变革改变

了人类获取信息和传播信息的方式，造就了多样性的新型媒体，催生了汇聚信息流、物流与现金流的大规模商务平台和数据平台，这彻底改变了传统广告产业与市场营销业对数据收集、分析的传统方式，甚至需要开始按照技术的逻辑思考重新定义“广告”。曾任职雅虎研究院以及Google的计算机科学家安朱瑞·布朗德(Andrei Broder)在1998年提出了“计算广告”(Computational Advertising)的概念，指出“‘计算广告’的目标是在特定语境下为特定用户和相应的广告之间找到‘最佳匹配’”。尽管“计算广告”的概念听起来生僻，但这个简洁明快的定义却直接阐释了基于互联网信息存储技术、检索技术、追踪技术的大数据精准广告的本质内涵，广告业对“精准”的追求在这个时代以从未有过的加速度向前推进。

二、互联网广告的产业进化与生态演变

基于大数据的精准广告是互联网广告的产业进化与生态演变的必然结果。“解决旧矛盾，遭遇新问题”，互联网广告产业体系在过去的20年中，以不断满足广告主需求、提高产业效率、降低交易成本为导向动态演进，即使到今天这个体系仍在不断调整和进化的过程中。

1. 纷繁复杂的数字广告生态图景

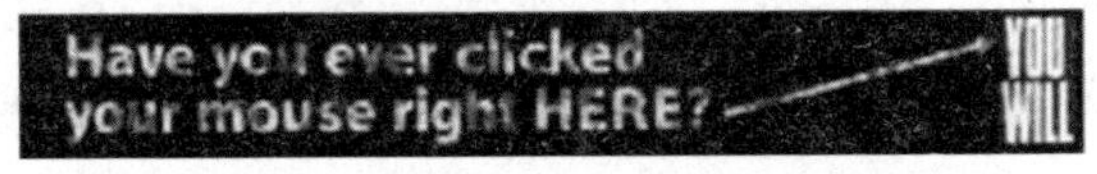

图1-3:1994年世界上第一条互联网横幅广告

世界上最早的一条互联网广告是1994年10月25日出现在美国Hotwired.com网站上的AT&T公司的横幅广告(如图1-3)，自此揭开了互联网广告的历史。在过去的20年，互联网广告从内容、形式到所依托的渠道和平台都不断革新，逐渐形成了迥异于传统广告的新的广告生态系统。

提到互联网广告(主要指展示类广告)的生态链条，最著名的描绘就是2010年美国Luma公司的创始人及CEO Terence Kawaja所绘制的互联网广告的技术图谱(如图1-4)。Luma图是流程及市场主体可视化的典范,这张由上百家企业的LOGO、21个模块、14个大小箭头组成的图表,让人叹为观止。但它仍然无法很好的阐释这个产业的链接体系和流转过程。事实上Luma公司本身是一家关注新媒体和新技术的投资公司,因此这一图谱的阐释无疑携带着投资银行家的独到视角。与Luma图相类似,图1-5也用同样的视角刻画了中国网络广告各类市场主体的状况。

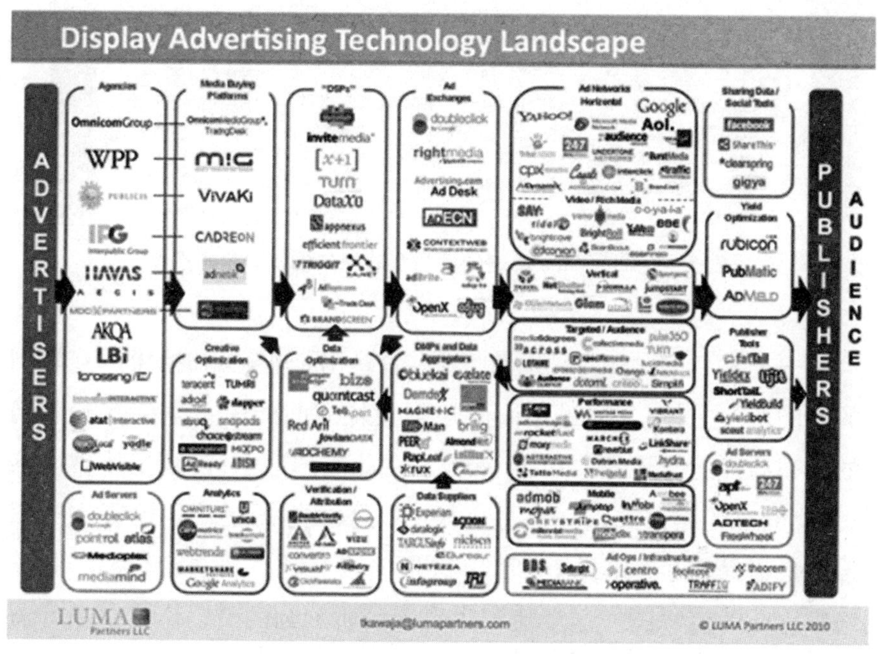

图1-4:美国Luma公司创始人及CEO Terence Kawaja所绘制的互联网广告技术图谱

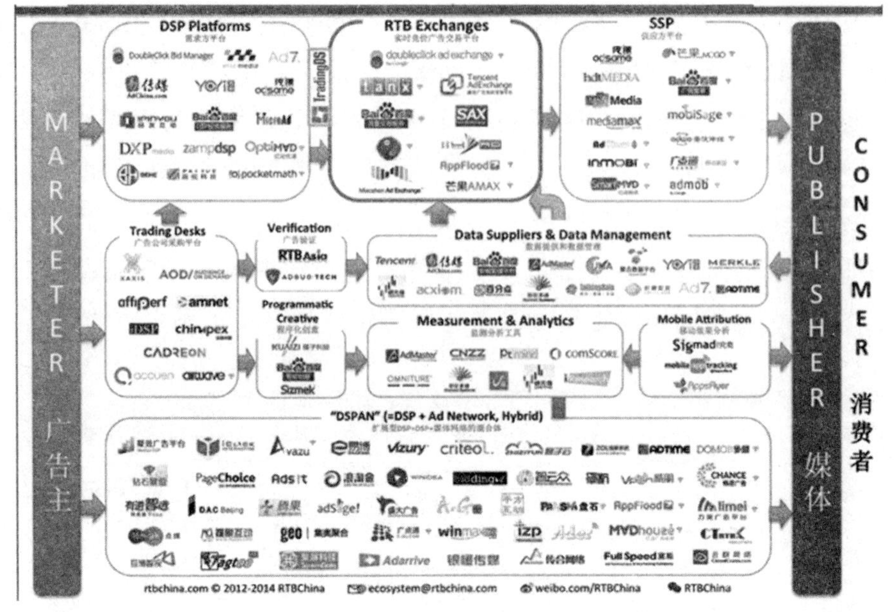

图 1-5：RTBChina 绘制的中国互联网广告技术生态图谱

另一类常见的是矩形流程图，研究者跳出企业视角，抽象出互联网广告的不同产业主体，并通过不同的矩形模块之间的关系来阐释互联网广告的内在线性运作流程（如图 1-6）。在此类图谱中，市场主体被清晰刻画，主要的市场运作关系也通过色块的区隔很好的呈现。还有一类图谱的描绘也极具特色（如图 1-7）。这是美国互动广告协会（IAB）制作的网络广告业的流程图。这个流程生态图谱所刻画的是以广告主品牌需求为中心，广告信息经过媒体计划及购买、内容制作、媒介售卖、执行技术、媒体效果提升、商业智能等多个环节，到达消费者的过程。其中每一个“环节”都得到了更为清晰的进一步分解。

但总体而言，目前对互联网广告生态系统的刻画存在着一个共同的问题，即横截面的静态描绘体系难以呈现 20 年互联网广告业的动态巨变，而对于这个不同于以往广告业上百年历史的生态系统如何形成的过程以及不同市场主体之间的动态演变趋势缺乏有效的阐释，因此也就无法呈现出其内在的本质特征。

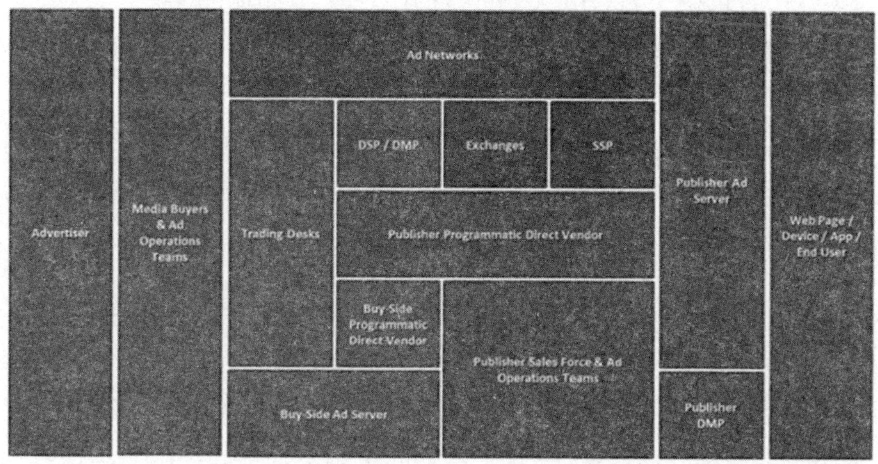

图 1 –6:美国公司 Rare Crowds 的 CEO Eric Picard 绘制的互联网广告生态图①

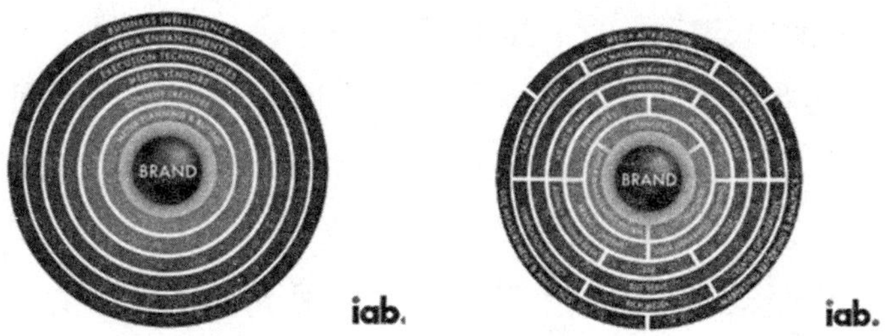

图 1 –7:美国 IAB(互动广告协会)绘制的互联网广告生态图②

① Eric Picard , The New Digital Ad Ecosystem, http://adexchanger. com/data – driven – thinking/the – new – digital – ad – ecosystem/ ,2015 年 6 月 8 日

② Peter Minnium, The Definitive Guide To The Digital Display Ad Ecosystem, http://marketingland. com/digital – simplified – new – advertising – supply – chain – 104734? utm_campaign = socialflow&utm_source = twitter&utm_medium = social,2015 年 6 月 8 日

2. 互联网广告生态系统的演变过程

(1)广告网络平台(Ad Network)的出现及其面临的问题

在上世纪90年代互联网广告发展的初期,这个产业亦步亦趋的沿着传统广告的轨迹展开。起初,像购买电视广告或报纸广告一样,广告主需要直接找到网络媒体去沟通关于广告的所有事宜。很快人们就发现,由于互联网媒体的极大丰富和内容的无限性,广告中介的存在是唯一的出路。1996年,美国开始出现第一家广告网络平台(Ad Network)。在那个阶段,广告网络平台是一个数字技术平台,但其承担的功能与传统广告公司非常相似:与互联网媒体建立广告代理关系,购买广告位,通过把这些广告位销售给广告客户来赚取差价。随着互联网的发展,越来越多的广告网络平台逐渐发展起来之后,一系列的市场不均衡问题随之出现:

第一,不透明的定价系统。与传统媒体广告生产关系不同,在"广告主——广告网络平台——网络媒体"三者中,媒体因为资源稀缺所带来的主导权逐渐消失,取而代之的是广告网络平台成为更具主导地位的一方,成为价格的制定者。这一定价框架一方面并没有给众多网络媒体带来"长尾资源"之外更大的利益,另一方面对于广告主而言,还是不能清楚地看到广告投入的效率和效果。

第二,广告受众不精准。尽管后来也出现了一些进行精准投放的广告网络平台,但大多数的广告网络平台在"精准"上乏善可陈;

第三,选择的困惑。随着广告网络平台数量的增多,广告主和媒体都开始面临越来越多的选择困惑,不同广告网络平台的价格、覆盖媒体、广告客户、甚至广告尺寸都有所不同,广告主和媒体方都需要花费大量的精力对广告网络平台进行研究、沟通和选择;

第四,重复投放。由于单一广告网络平台所覆盖的媒体广告位非常有限,一些广告主在选择多家广告网络平台的过程中发现消费者相互覆盖的情况也普遍存在,这既是广告预算的浪费,也会对消费者造成狂轰滥炸。

可以说广告网络平台在互联网广告实践中遭遇的这些问题是传统媒体广告时代瓶颈问题的延续,而这些问题在一百多年的广告历史中并没有找到更好的解决办法。互联网广告用20年的时间,尝试着用新的技术手段去解决这些问题。

(2)广告交易平台(Ad Exchange)的诞生及其定价系统的确立

为了解决互联网广告市场中的低效率和不透明,2005年左右类似股票交易市场的广告交易平台(Ad Exchange)应运而生。广告交易平台的出现解决了什么问题呢?

第一,广告交易平台是一个新的更大规模的广告"关系"平台,旨在满足多方市场的需要。广告交易平台是原来众多而零散的广告网络平台的延展,它为需求方提供了统一的界面。在这个平台上,所有的媒体方都可以登录上来,展示自己的库存广告位。广告主及其代理人,可以不再繁琐地接触众多的广告网络平台,而是可以在广告交易平台上直接发布自己的广告需求。这个关系平台满足了广告主、广告媒体、甚至广告网络平台的多方需求,在某种程度上是对广告网络平台进行重新整合和升级。

第二,广告交易平台更是一个可以完成"交易"的技术平台。正如名字的不同,广告网络平台重在整合互联网媒体资源,建立关系网络;而广告交易平台的新突破在于在建立关系、统和需求的同时完成交易。既然是进行交易,首要的问题是:由谁、通过什么样的方法决定价格。传统媒体时代的定价者是媒体本身,传统媒体会按照媒体本身的特点如版面位置和播放时段确定广告的市场价格。广告网络平台时代,广告网络平台本身有定价权,它通过一定的算法预测和计算广告价格,佣金达到30%。当有多个广告主想购买同一个广告位的时候,广告网络平台根据自己认为最合理的方式来分配归于哪个广告主。与广告网络平台的"计划"价格不同,广告交易平台则确定了一套通过供求双方出价及竞价,出价高者先得的拍卖机制决定价格,用市场的方式平衡市场需求,将定价权交给了市场。

在广告发展的历史上，通过拍卖的方式来对媒体资源进行竞价并非没有先例，例如中央电视台自 1994 年开始的广告招标活动，从 1997 年开始都是“明标”制，事实上就是拍卖制。但是这仅限于对优势媒体的优势广告资源进行市场化竞拍，更具有事件营销的意义。而打通整个行业资源，在统一的技术平台上进行广告资源的市场化拍卖在广告发展的历史上还是第一次。拍卖机制确定之后，在技术的支撑下广告交易平台很快从非实时竞价变成了买卖双方能够即时开展的“实时”竞价，在极短的时间内，通过技术平台提供的支持完成交易。因此这个交易系统就被称为 Real Time Bidding，简称为 RTB，即“实时竞价”系统。

广告交易平台建立了互联网广告更大的资源汇聚和关系平台，同时也实现了具有开创性的“实时交易”。但问题依然存在：第一，对于如此复杂和具有高技术背景的操作平台、繁琐的界面，不管对于广告主还是媒体方来说，进入并娴熟地操作完成整个实时竞价的广告投放过程都具有相当大的挑战。对广告主而言，面对广告交易上亿的广告位储备，如何找到广告位背后真正精准的广告受众，采用什么样的出价策略才能拿到优质广告位是重要的课题。第二，尽管广告交易平台的数量相较广告网络平台而言，已经大大减少，但市场上仍然有多家存在。国内的广告交易平台几乎都由互联网巨头组建，百度、阿里、腾讯先后推出了各自的广告交易平台。2011 年 9 月，国内第一家广告交易平台 TANX 正式上线，先后与多家内容发布商、广告客户、广告代理、数据机构、广告联盟和广告网络、第三方技术提供商等进行全面合作。2012 年底，TANX 平台全面升级，从以服务淘宝系商家为主的联盟广告平台转为面向全网所有广告主开放的广告交易平台。① 当年，TANX 平台的日均流量达到 27 亿。目前，TANX 平台的合作伙伴包括谷歌、易传媒、品友互动、悠易互通、浪淘金、有道搜索等著名企业。国外谷歌旗下 Double Click 广告交易平台由于对

① 《RTB 产业链调查》，《广告主》，2013 年第 6 期

接了全球高端的媒体资源,自进入中国后也得到快速发展。那么,对于这么多的广告交易平台,广告主该如何做出选择?

(3)需求方平台(DSP)的出现

问题总是不断地涌现,而找到解决这些问题的有效办法即成为推动产业发展的核心力量。针对广告主和媒体方的难题,DSP(Demand Side Platform,即需求方平台)和SSP(Supply Side Platform,即供应方平台)作为分别代表广告主和媒体方与广告交易平台对接并展开相应服务的平台又应运而生。作为产业链条中非常重要的一环,DSP帮助广告主解决了3个问题:

第一,平台与界面的对接。DSP最基础的服务是帮助广告主完成与主流广告交易平台的对接,也就是说DSP创设一套技术平台和界面,一方面将自己的平台与广告交易平台连接起来,另一方面通过一个更为友好的用户界面与广告主连接,将广告主需求引入广告交易平台的信息海洋。

第二,为广告主制定综合投放策略。目前来看,DSP在整个产业链条中的作用越发"显赫"起来(一些原来的广告网络平台公司也转型成为DSP),其在互联网广告的生产链条中相当于传统媒体时代4A广告公司的地位,由初期为广告主接入广告交易平台的简单技术代理转变为根据广告主的产品特征和广告需求帮助广告主制定综合的数字广告战略:采用怎样的价格策略投放广告?采用RTB的实时竞价投放还是其他的投放模式?是否进行多设备的多屏投放?解决此类问题已经成为DSP的重要功能。

第三,从购买广告位到购买消费者。DSP提供的最核心的功能是完成了广告发展历史上一个重大飞跃,终于以系统的方式,通过技术、算法和数据完成了对特定消费者的定位和购买。正如前面两节所谈到的,在传统媒体时代,广告主购买报纸杂志的版面以及广播电视媒体的时段,不过是因为这些广告位置背后是带有某些共同特征的消费者。而在互联网媒体的时代,广告网络平台和广告交易平台所销售和拍卖的依然是广告位置,而将广告位置转化成直接的广告人群(Target Audience)是由DSP完成的。

DSP是一个典型的广告技术组织。一方面它必须自己拥有或能够接入庞大的消费者偏好、购买方式等多类型的数据,另一方面,开发强大的算法来抓取和分析消费者数据,才能准确地找到广告主需要的目标消费者。至此可以说,通过广告交易平台提供的系统和竞价体系,以及DSP的算法,精准广告的梦想在大数据时代终于得以实现。

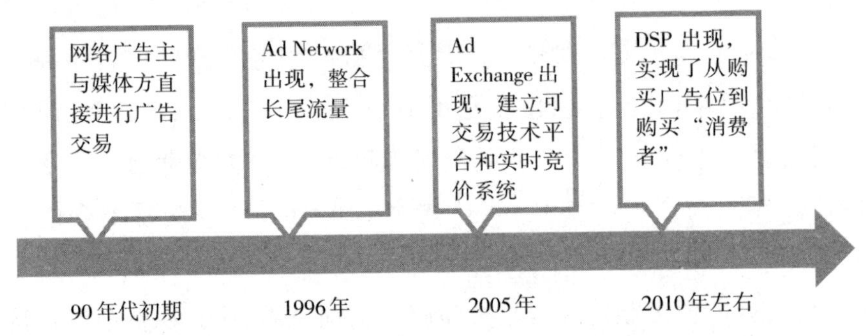

图1-8:20世纪90年代以来互联网精准广告平台的发展演变

直到今天,基于互联网和大数据的精准广告的生态系统依然在向前演进,这既是不断产生新的市场主体、不断推出新概念的过程,也是在广告业建立“市场机制”和“透明规则”的过程,而技术和数据成为不断实现目标的利器。在这个生态体系中,广告网络平台是基础,但没有从本质上突破传统媒体广告代理的作用和生产关系;广告交易平台和DSP起到了核心的作用,前者创设了市场化的原则,后者则运用技术推进了趋向于精准的转化。之后诞生的其他一些市场参与者如DMP(数据管理平台)、动态创意平台等都是为这两者的核心功能服务的。关于产业链主体的更加细致的分析我们将在第三章进一步的展开。基于大数据的精准广告正是互联网广告系统进化的必然结果之一。

三、大数据精准广告的定义和主要类型

1. 什么是大数据精准广告

近年来,随着互联网产业迅速发展以及超大规模数据平台的形成,"大数据"成为新的生产力的推动力量。大数据的核心特征即"一切皆可量化",人的语言文字、声音影像、生活消费、地理位置等都能以数据的形式记录和收集,甚至连人的沟通和关系、经历和情感,也可以数据化。比如 Google 地图等将人的位置数据化,Facebook 等社交网站将人的关系数据化,Twitter 等微博平台将人的情绪数据化。① 大数据精准广告正是在大数据时代信息技术逐渐成熟、消费者高度碎片化、大众媒体广告难以奏效、传统精准营销停滞不前的背景下应运而生的。

我们认为,基于大数据的精准广告指的是依托互联网广告网络平台(Ad Network)及广告交易平台(Ad Exchange),应用大数据信息检索、受众定向及数据挖掘等技术对目标消费者数据进行实时抓取与分析,针对消费者个性化特征和需求而推送具有高度相关性商业信息的传播与沟通方式。

2. 大数据精准广告的主要类型

由于互联网的开放性、数据类型的不断丰富、数据挖掘技术的不断提高等原因,大数据精准广告的分类问题比较复杂。总体而言,无论是搜索类还是展示类的广告,当它依托互联网及移动互联网平台,采用大数据分析技术,采用"程序化"的投放方式,那么它已经成为精准广告了,可以说这个时代的互联网广告已经整体推进到"精准广告"的阶段。但是,与传统广告类型的相对固化不同,基于大数据的精准广告的细分类型更加开放和多样。总体而言,广告的展示方式、交易手段、定向方法这 3 个主要标准决定了大数据精准广告的具体类型。

---

① (英)维克托·迈尔·舍恩伯格,肯尼思·库克耶:《大数据时代:生活、工作与思维的大变革》,盛杨燕、周涛译,浙江人民出版社,2013 年版,第 105 - 126 页

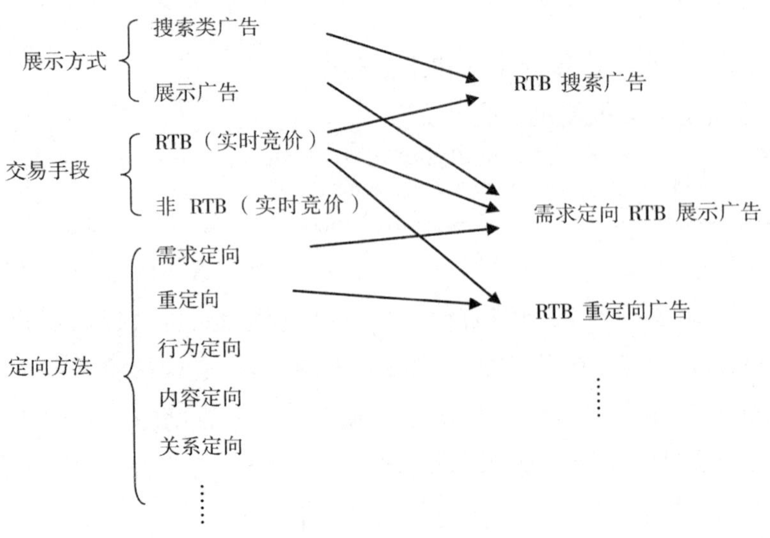

图1－9:大数据精准广告的分类标准和可能的类型

从网络广告的展示方式上看,搜索广告和展示广告是最早的分类方式。最初的搜索广告也并不能承载精准的功能,但当数据积累和数据处理能力都足够大的时候,搜索用户在搜索引擎上搜索时留下大量检索词信息,“搜索引擎可以凭借这个搜索查询词以及捕捉到的其他的一些关于用户的个体信息识别用户的商业需求,然后展示具有相关性和针对性的广告,进行销售引导,最终创造销售机会,实现自己的商业价值。”①

与搜索类广告相对应,展示类广告(Display Advertising)长期以来不过被认为是一种互联网上的“传统广告”,其运行机理和运作机制与传统广告并无差别。但程序化购买(Programmatic Buying)的出现,将展示广告推进到基于大数据的精准广告阶段。与传统人力购买广告方式不同,程序化购买广告在对数据进行分析的基础上,依靠机器算法自动进行广告购买并实时优化。最早的程序化购买广告是实时竞价(Real Time Bid-

① 宫鑫,《google 广告优化与工具》,电子工业出版社,2010 年 7 月,第 4 页

ding)广告,这种广告彻底抛弃了传统广告业大规模购买“广告位”的模式,它模拟股票交易市场,以巨大的消费者特征数据库为基础,通过“算法”在极短的时间(50 – 100 毫秒)内对目标受众竞价,出售该次广告的展示机会。目前程序化购买广告又衍生出一系列的非实时竞价广告,包括“PDB 私有程序化购买广告”“优先购买广告”“邀请竞价广告”等不同模式。

从消费者细分和定位的方法上看,目前的大数据技术带来了定向方法的极大丰富,例如在 PC 端的定向维度包括:需求定向、重定向、行为定向、内容定向、关系定向等;在手机端的定向维度包括操作系统定向、运营商定向、网络定向、位置定向等。(如图 1 – 10)

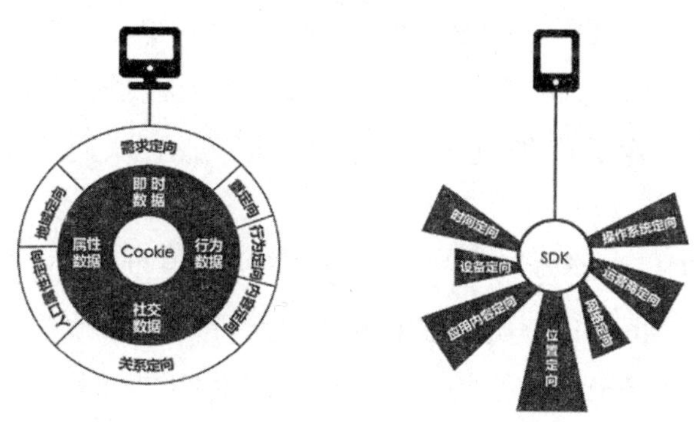

图 1 – 10:大数据精准广告的消费者定向方法①

根据以上的分类和分析,这 3 个主要标准及其细分维度中的任意两个、3 个或多个变量组合,就会衍生出新的细分广告类别,例如当搜索类广告采用 RTB(实时竞价)的交易模式,即为“RTB 搜索广告”;当展示广告按照消费者需求进行定向,并采取 RTB(实时竞价)方式,即是目前发展迅速的“需求定向 RTB 展示广告”。(如图 1 – 9)

---

① 张大龙,《2014 年中国数字广告程序化购买趋势》,艾瑞峰会,2014 年 9 月

四、大数据精准广告的发展现状

基于大数据的精准广告尽管还处于发展的初期阶段，但却很快进入了高速发展期。以RTB（实时竞价）广告为例，进入商业应用阶段只有3年的时间，但从世界范围来看，却展示出强劲的发展态势和几乎相同的发展轨迹。

据美国互联网广告研究机构eMarketer的统计，2010年美国RTB（实时竞价）广告刚起步时的收入是3.96亿美元，2011年增长了149%，达到了9.86亿美元，2012年这个数字再次翻番，达到了近20亿美元，而2013年美国实时竞价广告收入超过了33亿美元，这也就意味着RTB（实时竞价）广告的年平均增长率达到了106.3%，远远高于同一时期整体互联网展示类广告的增长速率。研究机构eMarketer认为在未来的几年，追求精准投放的RTB（实时竞价）广告依然会保持两位数的强劲增长，预计到2017年美国实时竞价广告收入将达到90亿美元，从而达到各类互联网广告收入的29%。①

欧洲是RTB（实时竞价）广告发展的重镇，根据英国研究结构Infectious Media的数据，2012年以来RTB（实时竞价）广告快速增长。2012年欧洲整体互联网展示广告支出增长15%，而RTB（实时竞价）广告支出在法国增长120%，达到5100万欧元，德国为171%，达到1亿2900万欧元，英国为112%，达到1亿7100万欧元。

与国外的情形相比，中国大数据精准广告的发展呈现同样的趋势：尽管起步不早，但发展迅速。国内艾瑞咨询发布的《2014中国DSP行业发展研究报告》显示，2014年中国程序化展示广告市场规模达到48.4亿元，增长率为216.5%，占到中国展示广告整体的8.9%。预计到2017年，中国程序化购买广告市场整体规模将达到282.7亿元，占展示广告市

① 《2017年广告主在RTB的花费将超过90亿美元》，http://a.iresearch.cn/new/20131202/221016.shtml，2014年9月22日

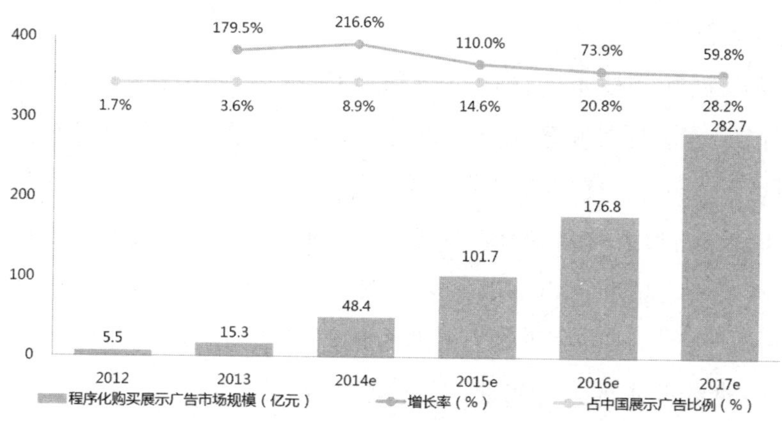

图 1-11:2012—2016 中国展示类网络广告投放市场规模

场比例的 28.2%。程序化购买市场的迅速崛起,与广告主的直接驱动有较大的关系,最具代表性的是 2014 年美国运通和宝洁两大营销巨头宣布将旗下 100% 和 75% 数字广告预算使用程序化购买方式进行。①

五、大数据精准广告的产业重构效应

回顾小数据时代精准营销的发展历程可以发现,基于大数据的精准广告模式并非"突发奇想",而是"精确制导"的营销思想与新技术碰撞带来的必然结果。但大数据精准广告的产生和高速成长又绝非一个"小创新",它是互联网改变信息传播业爆发的新能量,必将重构未来广告业的产业基础、产业链条、产业生态及运作模式。

1. 首次以"专业化"和"大生产"的方式展开精准营销

从小数据时代的"精准营销"到大数据时代的"精准广告",改变的不仅仅是名称,更是将精准营销实践从"小作坊""单个企业"的单打独斗推进到了专业性、大生产的广告产业流程,从而解决了小数据时代精准营销

① 艾瑞咨询,《2014 中国 DSP 行业发展报告》,http://report.iresearch.cn/2307.html,2015 年 2 月 18 日

的发展瓶颈问题。

在大数据和新技术的作用下,“精准广告”需要完成“精确制导”和“广而告之”这两种看起来完全矛盾的营销诉求,这一方面要求数据和技术能够足以支撑对消费者的无限细分,直至个人,另一方面又要在最广泛的范围内投放,覆盖海量受众。因此,从产业属性上来看,大数据精准广告既突破了传统精准营销难以大规模展开的问题,又弥补了传统大众广告的“粗放”经营,成为一种带有趋势性的广告业新产业形态。

2. 数据和技术成为广告业的新核心要素

从产业发展的基本驱动要素上来看,“数据和技术”将成为未来广告业重要的基础资源,并成为驱动广告业变革的核心要素。

纵观广告业发展的进程,其基础资源要素在不断的演进:从报纸、广播、电视、杂志等“大众媒体”到各类定位特定消费群体的“小众媒体”,“媒体”曾经是广告业的核心要素;从平面和视频的各种广告说服技巧到行业内各大广告奖项,广告创意曾经是广告业的核心要素;从 4P 到 4C,各种纷繁复杂的消费者分析、市场分析的理论与工具曾经是广告业的核心要素。而正在发生的变革是:“数据和技术”正在成为广告业新的核心要素和驱动力量。

同时,在技术的作用下,传统广告的每一个生产环节,包括销售团队的客户关系管理、广告公司间的比稿过程、签订合同、媒体渠道选择等,这一系列过程在基于大数据的精准广告中都可以用机器智能和程序化方式进行,进而大幅度地提高了广告业的自动化程度,降低交易成本,从而提高了效率。

3. 再造广告产业流程

不同于广告业以往的一些创新与变革,大数据精准广告所带来的更大冲击在于在发展的过程中逐步打造了新的运作流程与产业链条。以精准广告中的 RTB(实时竞价)广告为例,其整体运作流程如图 1 – 12 所示:

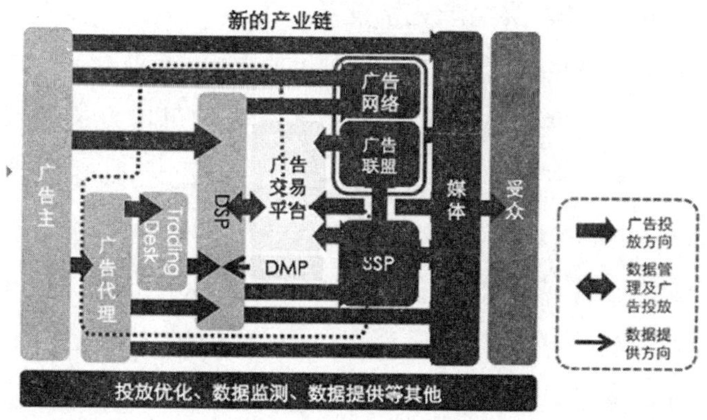

图 1－12:RTB(实时竞价)广告市场参与主体与产业流程图①

这个看似复杂的广告运作系统,其内在的发展思路十分清晰:将广告的销售过程区分为"需求方"和"供给方"两个部分,与两个部分对接的中心是进行广告竞价的广告交易平台和数据管理平台。这一生态体系和产业链条随着互联网技术、大数据的发展在市场的磨合、碰撞下逐步形成。"在早期,由于广告资源与广告主需求不匹配,各个广告网络之间出现了流量交换;随着对广告资源的流量交换规模越来越大,广告网络、媒体逐渐通过第三方(广告交易平台)来实现大规模、高效率的流量交换。在广告交易平台这种大规模的流量平台上,广告主整合各种资源进行广告投放的难度提升,于是出现了 DSP(需求方平台)通过对数据的分析,帮助广告主对广告资源进行整合和广告投放;进而发展出现了实时竞价这种高效的竞价方式。这种趋势下,接着出现了 SSP(供应方平台)帮助媒体管理广告的售卖。整个趋势向着越来越精准的按受众购买发展。"②

① 艾瑞咨询,《2012 中国 DSP 行业发展报告》http://doc.mbalib.com/view/987baa63a58f1150381354078fce4493.html,2015 年 4 月 20 日

② 艾瑞咨询,《2012 中国 DSP 行业发展报告》http://doc.mbalib.com/view/987baa63a58f1150381354078fce4493.html,2015 年 4 月 20 日

4. 广告业市场主体及生产关系变革

新旧市场参与者的规模性进入、退出或重组，产业生态的重建，是产业发生重大变革的重要标志。大数据精准广告的迅速发展使得广告业进入这样的阶段。新一轮广告业市场参与主体的重组和整合已然拉开序幕，新的广告产业生态开始建构。

随着媒体资源稀缺性的消失，以往依附于媒体的纯粹"中介型"的"媒介购买"类广告公司已经大量消亡。不仅如此，大数据精准广告的运营模式正在重构传统营销体系中媒体、广告代理公司和广告主之间的互动关系。大量技术背景的DSP公司、SSP公司、数据管理公司已经成为广告产业的新型市场参与主体，而传统广告业中的广告代理公司则面临转型的挑战。近几年，世界级的广告公司展开了频繁的收购行为。2012年6月，WPP宣布打败日本电通集团(Dentsu)，以5.4亿美元收购独立数字营销公司雅酷(AKQA)；7月初，阳狮集团(Publicis Groupe)将另一家独立广告公司百比赫(BBH)收入囊中；2013年3月日本电通公司全资并购世界排名第8位的数字营销集团安吉斯(Aegis)，力图抢占数字营销的高地；2014年9月，阳狮集团宣布即将完成对广告技术公司Criteo的数十亿美元的收购，而Criteo核心业务是重定向广告(Retargeting)。正如业内人士指出的，目前的数字广告技术型公司已经成为传统大型4A广告公司的标准"外挂"。

同时，程序性购买进入广告业意味着广告资源将更多的按照市场化的原则来配置，这将彻底改变传统广告时代里媒体、广告代理商、广告主之间由于"资源不对称""信息不对称""实力不对称"所带来的各种"店大欺客"或"客大欺店"的博弈关系，"市场化""透明化""契约化"将会是广告业生产关系变革的新趋势。

5. 实时优化将成为广告作业中的重要特征

在广告的运作层面，大数据精准广告也在推进新的理念和操作方式，"实时优化"将会成为未来广告业务的关键词。

首先,“实时”的消费者决定了广告的“实时”属性。不同于传统广告预先购买固定时段、固定广告位,大数据精准广告交易以向每个个体展示广告为基础。当消费者对所有信息的接收、发布和传播已经处于“实时”状态,广告这种商业信息的传播必然要如影随形般走上“实时”之路。第二,“实时”数据是精准广告的基础。数据是具有时效性的,精准广告的商业价值正是以数据处理的“实时”为前提,精准广告追求的是“当前一秒一位年轻妈妈搜索了纸尿裤,那么几秒内关于纸尿裤的广告便进入她的视野。”

同时,在实时基础上的“优化”意味着在广告投放过程中不断的改进,这是精准广告效果导向的集中体现。国内著名 DSP 品友互动代理的上海通用汽车是国内首个采用“PDB 私有程序化购买”的广告投放,并因此获得长城奖金奖。这是一个多品牌、多诉求、具有高度复杂性的“一揽子”投放,是在投放过程中不断优化的典型案例。其投放过程中的优化包括:人群优化、广告位的优化、到达页面优化、创意优化、算法优化等(该案例详见第三章案例 3 - 1)。

大数据精准广告正是通过实时动态的优化体系,确立未来广告作业的运行标准。

第二章

概要:大数据时代精准广告的主要特征

1923 年,克劳德·霍普金斯(Claude C. Hopkins)在其著作《科学的广告》中写道:“终于,经过无数人的努力,广告发展成为一门科学,它以固定的原则为基础,并且具备合理的准确性。因与果,全都经过仔细研究,直到得到满意的解答。正确的程序和方法已然得到求证和确立,我们知道什么最有效,我们依据基本原理行事。①”尽管关于“科学的广告”的描述在上世纪 20 年代显得如此“天方夜谭”,然而一个世纪后的今天,科学的力量正在逐渐深入广告领域,大数据技术日新月异地改变着这个产业,并朝着霍普金斯当年描述的的目标一步一步迈进。如今,随着互联网产业迅速发展以及超大规模数据平台的形成,基于大数据的精准广告迅速成长,正在以新的生产力要素带来广告业的革新与发展。“精准”“可测量”“高效”是这个时代精准广告的主要特征。

第一节　前所未有的精准

“精准”当然是精准广告的第一要务。在大数据时代,广告的精准程度达到前所未有的高度,在合适的时间、通过合适的渠道把相关性的广告

① (美)克劳德·霍普金斯著,邱凯生译,《我的广告生涯·科学的广告》,新华出版社,1998 年 10 月,第 175 页

信息传达给有相关广告需求的消费者,是大数据时代精准广告的主要特征。

一、精准的对象

目标对象,即目标消费者群体历来是所有广告营销过程中的第一个关键因素。《大数据营销定位客户》一书的作者、奥美集团旗下奥美互动纽约子公司董事总经理麦德奇提到:“第一步就是明确应该极力向谁推销,客户绝不是千人一面,而是千差万别。你应该将销售目标对准那些对自己最重要的客户。”①目标消费者群体的确定,是广告信息传播的起点。

在传统媒体时代,目标消费者的定位问题已经获得了许多广告业者的重视,“在当今的广告界,若要获得成功,你就必须设定你的目标受众”。② 但是,真正的精准在技术和方法上难以实现。传统的调查方法,如:问卷调查、深度访谈、实地观察、实验法难以帮助广告主获悉样本的全貌,且耗费的人力大、时间长,因此难以做到精准定位目标消费者群体,更无法实时把握消费者态度和行为的变化。

以大数据为基础的精准广告出现以后,广告营销进入了新的时代。

1. 消费者数据的极大丰富

随着消费者数据库的扩充和定位技术的逐步发展,更加准确地定位和分析目标消费者成为可能。搜索引擎平台能够获悉搜索用户“主动”表达的需求,这与传统作为“旁观者”角度获取对消费者行为的理解迥然不同。社交媒体也是获取用户数据的重要“战场”,在社交网站,用户能对自己的各项信息进行设置,包括婚姻状况、政治倾向、兴趣爱好、语言能力、毕业院校、研究领域等多个方面的个人信息,用户会“主动”参与许多

---

① (美)麦德奇、保罗 B. 布朗著,王维丹译,《大数据营销定位客户》,机械工业出版社,2015 年 1 月,第 19 页

② (法)路克 · 杜邦著,赵静译,《1001 个广告法则:来自全球最成功的广告宣传创意和策略》,中国华侨出版社,2012 年 5 月,第 3 页

活动，表达他们的兴趣和爱好，这与传统广告营销人员对目标消费者爱好和兴趣的间接揣摩存在巨大差异。超大规模数据平台的出现为海量消费者数据的存储创造了条件，这些数据不仅能帮助广告营销人员洞察消费者精确到分秒的行为，也能让他们获悉某段时间内消费者行为的变化。

2. 消费者的无限细分

大数据精准广告依靠数据追踪技术获取有关用户的地理位置、兴趣爱好、行为特征、天气情况、使用时间、使用设备及人口自然属性等方面的相关信息，囊括跨屏数据以及广告投放中产生的数据，最终将第一方线上、线下数据以及第三方数据进行整合，并进而对不同用户进行划分和属性定义。中国 DSP 平台品友互动公司的一份《中国数字广告人群类目体系白皮书》指出，他们对分散在全国超过 320 万个网站里的 6.18 亿网民按以下四大层级进行分类：一是人口属性，如性别、年龄、收入；二是地区；三是个人关注，主要指长期兴趣；第四类为短期的购买倾向。在每个层级下还有相对应的细分标签，总数超过 5000 个，实现对受众的精准定位。① “5000 个”细分标签！这种无尽的消费者细分方式已经颠覆了以往所有的消费者细分思路。

因此广告营销人员可以更好地提炼出客户的特点，并创造一个又一个更加个性化的客户形象，应用于营销过程之中。例如：“足球妈妈是北美中产阶级家庭妇女。她们一般住在郊区，常接送孩子参加足球等体育活动，虽然平时忙于家务，不关心政治，但是对家庭、儿童相关的选举话题很敏感，也比较喜欢英俊的候选人。”②更加贴近消费者生活和消费者个性，“足球妈妈”是基于互联网与大数据的消费者细分的典型方式。

---

① 《程序化广告怎能变得如此智能?》，http://www.cctime.com/html/2015 - 2 - 12/2015212115181190.htm，2015 年 2 月 20 日

② (美)麦德奇、保罗 B. 布朗著，王维丹译，《大数据营销定位客户》，机械工业出版社，2015 年 1 月，第 21 页

3. 找到广告信息与消费者的最佳匹配

由于拥有庞大的消费者数据库作为支撑，包括人口统计定向、地域定向、时间定向、媒体定向、关系定向、行为定向等在内的网络广告定向技术逐步完善，根据不同消费者兴趣精准投放"个性化"广告成为可能。比如：2014 年 9 月，品友互动公司曾为联合利华旗下的多芬品牌进行了一次名为"做多芬'头条'女孩"的广告投放。多芬品牌的目标受众特性为：女性，20－35 岁，关注护发产品。根据目标受众的特性，品友互动通过分析目标受众的上网浏览行为和习惯，筛选出高相关度的兴趣特征和购买倾向特征组合进行投放。① 简而言之，在打开同一个网络媒体页面时，一位 20－35 岁且时常关注护发产品的女性有机会看到多芬的这则广告，而一个男性在浏览相同网页时却不可能看到这则广告。

又如，在 Facebook 广告投放系统中，广告营销人员可以借助多项定向技术将广告信息准确地推送给目标人群。如图 2－1，借助行为定向技术，广告营销人员可以根据用户的行为设定目标人群，只要在 Facebook 页面上关注或参与过 2015 板球世界杯的用户都能被覆盖。或者如图 2－2，借助关系定向技术，广告营销人员可以利用"朋友圈"的力量，让用户的好友"代言"广告。

追踪技术和定向技术，仿佛就是一个"广告邮递员"——他能准确地了解你的所爱所需，并且在恰当时刻和恰当的地方及时出现，向你推广他的品牌和产品信息。因为他推销的广告"因人而定""因地制宜""因时制宜"，所以你不会像厌恶街边传单员那样，讨厌他给你带来许多无用的"垃圾广告"。定向技术的日渐成熟，很好地填平了传统广告时代广告主与消费者之间"看不到的一道鸿沟"，令广告主在真正意义上能够"恰时恰地"地定位和认知他们的目标消费者群体。

① 《做多芬"头条"女孩　DSP 覆盖人群传递"自信美"》，http://www.ipinyou.com.cn/casesDetail? id=16，2015 年 5 月 8 日

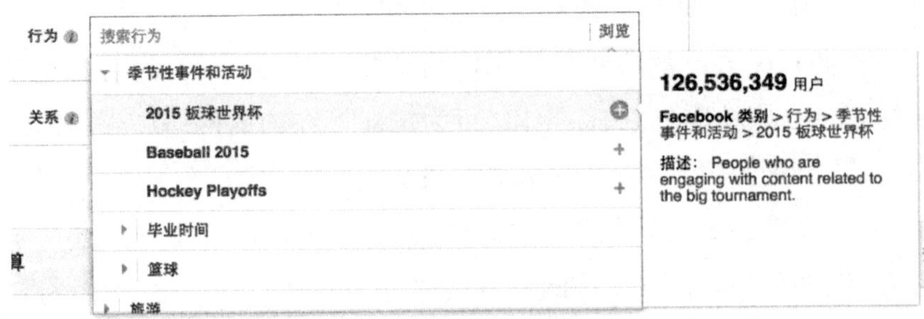

图 2－1：Facebook 广告系统的行为定向

图 2－2：Facebook 广告系统的关系定向

二、精准的时刻

广告营销的关键时刻，与广告的目标人群、目标渠道等因素共同决定了一次广告营销活动的整体效果。

在传统媒体时代，广告投放时间主要是用来对广告总价进行最终计算的一个指标，即广告单价与广告投放时长相乘的结果便是广告的最终总价，营销时刻的重要性更多地依附于媒体的影响力，例如：就报纸、杂志广告来说，广告主通常会选用耀眼的颜色、巨大的篇幅、重要的版面（如头版或封面），以更好地吸引受众的注意力。但平面媒体的所有广告都会在同一时刻呈现在消费者面前，广告主无法选择广告应该在何时被受众看到。广播、电视媒体的时间性更强了些，“黄金强档”节目的广告影响力被预设为高于“凌晨时分”节目的广告影响力，因此，一些广告主会愿意以较高的价格购买收视率较好节目的广告时段,以期获得更好的广告投放效果。户外广告形式多样,通常通过巨大的篇幅和创新的形式吸引潜在消费者的注意,然而,户外广告也无法满足广告主对投放时刻的选择。

选择广告正确的时刻,必须更加精准的把握消费者的消费行为和特征,而在这个时代消费者的日常生活已经与互联网紧密的结合了起来。北京大学新媒体研究院教授刘德寰在一次演讲中曾经提到这样一个案例:"有一个品牌叫乐淘,乐淘的 CEO 毕胜有一天被吓蒙了,他不知道为什么他订单的第一个黄金时间是早晨的 6 点半。后来做了一项市场研究,发现他的主要用户群在厕所里边下单。"①在进行数据分析以后,乐淘了解到这个"在厕所里下单"的群体主要是"不太怕味道"的男人。精准广告的优势正是能够通过分析数据,很好地找到消费者行为的特征,使得广告主更了解自己的用户,利于有的放矢地投放广告。

除此之外,手机和平板电脑等各种新兴移动媒体的出现和广泛应用很好地延伸了用户使用媒体的时间,研究数据显示,"手机广告曝光量波峰出现在清晨、上下班高峰及入睡前几个小时;工作时间 PC 电脑广告曝光量最高,在上午 10 点达到峰值。而晚上平板电脑广告曝光量激增,比白天时间高出 9 倍。"②精准广告对这些"跨屏"的关键性时间的把握和分析,有利于提高消费者对广告营销信息的接触、吸收以及转化。

技术手段解决了传统媒体广告投放时间的滞后性问题,利用程序化购买广告系统,精准广告的广告购买和交易过程都能在几十毫秒内瞬间完成,这为精准广告准确地把握营销的关键时刻,精准地"抓住"目标用户,提升广告营销活动的效果创造了条件。对于一个正打算购买手环的

---

① 刘德寰,《小族群中的大趋势》,http://v. 163. com/paike/VA628S47L/VACTGAF3S. html#from = search,2015 年 4 月 5 日

② 王昕晨《广告专家热议"跨屏时代"告诉你什么时间投最有效果》,http://finance. eastday. com/m/20150521/u1ai8720283. html,,2015 年 5 月 25 日

运动爱好者来说，此时出现的各类手环产品信息，都有机会被销售；对于一个正在寻找美食的“吃货”来说，此时出现的附近各类餐馆，都有机会被消费；而对于一个正在考虑买车的男士来说，此时出现的各类化妆品广告，很大程度上不会被留意。

因此，如何锁定关键时刻，显得尤为关键。当消费者产生需求并开始寻找解决办法时，广告主能否在此时恰到好处地为消费者提供对应的解决方案，成为一个重要的关键时刻；当消费者开始搜索相关信息时，品牌广告主需要适时地提供恰当的产品性能和特征信息，以在消费者脑海中留下印象；当消费者开始衡量所需支付的成本时，品牌广告主需要进一步提供产品的价格信息，向消费者印证产品的价值所在；当消费者开始寻找从何处可以购买该产品或服务时，广告主便应直接将产品和服务的购买方式呈上，以促进购买行为的转换。只有有效地捕捉目标消费者的需求，并在恰当的时刻将正确的广告信息进行推送，广告主才能最大限度地提高购买转换率。

总之，抓住关键时间是精准广告的又一大优势，它可以有针对性地进行广告投放，实现时间与空间互补，在消费者合适的时间、空间状态中实现最高效率的投放组合。

三、精准的实现“多屏”及“线上线下”的转换

广告营销地点，是又一个在传统媒体时代就受到营销从业人员极大关注的部分。即使如今有大量用户在互联网世界里畅游，人们仍然能在生活中的各处看到许多传统广告的“影子”——无论是在人们仍然时常接触的传统媒体上，抑或是在街头巷尾的公交车站附近。在传统媒体时代，设定良好的广告媒体渠道有助于最终提高广告投放效果，是传统广告营销人员向“精准”目标做出不懈努力的一大例证。但是如今，消费者获取信息的途径越来越多元化，注意力越来越碎片化，“多屏”互动，线上线下的自由游走已经成为今天的消费者的生活状态。

精准广告正是在这样的背景下,经历了从模仿传统人力购买操作模式到程序化购买广告的巨大转变,技术的发展为更为“精确”地了解目标消费人群所处“地点”创造了良好条件。基于大数据的精准广告能通过诸如 IP 地址或 Cookie 追踪技术很好地获悉消费者多平台,多屏互动的“踪迹”。

图 2-3 是 Chrome 浏览器记录的网络用户使用该浏览器留下的 Cookie 和网站数据,这些数据能帮助广告主了解网络用户的“浏览轨迹”和行为,从前“芸芸众生”的消费者如今变得“触手可及”。另外通过网络用户注册的会员账号,网络媒体或广告主也能收集到大量有关用户的行为信息,例如:在哪些网站出现,浏览了哪些网页,对什么商品感兴趣,搜索了什么关键词等。这不仅能够记录该会员在不同时间在同一平台登录该网站后留下的一系列浏览信息,也可以实现跨平台浏览和搜索信息的整合。

图 2-4、图 2-5 和图 2-6 是百度会员“flyvivianh * * * *”先后在移动端和电脑端使用百度搜索引擎的情况。某日晚上 7 时 38 分,用户“flyvivianh * * * *”在 iPhone 手机自带浏览器上登入百度,并先后使用百度分别搜索关键词“耐克”和“阿迪达斯”;1 小时后,用户“flyvivianh * * * *”打开电脑,登入百度,将光标移至搜索框,搜索框底部弹出 1 小时前该用户的搜索记录。

由于对于某个特定用户来说,无论他使用什么设备,无论他是否有删除 Cookie 的习惯,一般来说,他只会使用同一个账号登入某一个特定网站;同样普遍的情况是,许多用户会使用诸如同一个手机号码、同一个邮箱账号,或者是同一个 QQ 号码注册不同的网站,当这些网站的数据通过注册用户登录等多种方式得到共享后,对用户的“捕捉行动”将会更为精准。此外,对于同一家公司而言,利用注册会员的账号信息,某位特定消费者在线上线下的行为数据也可以被紧密地联系起来。例如:2015 年普华永道在一份题为《2015 年全零售:零售商与变革的时代》的全球报告中指出：尽管有 68% 的全球受访者表示他们在门店浏览商品最终却决定在网上购买，但有 70% 的受访者表示他们正好做过了相反的事情：在网上浏览商品却决定在门店购买。① 可以发现，在网络时代，不同用户的购买行为“神秘莫测”，呈现出不同的特点，让广告营销人员难以精准定位。但是，采用注册会员的方式，不仅能实现对同一消费者在不同平台和不同网站上操作行为的了解，对于许多实体店来说，还能实现消费者在线上和线下“两大世界”内操作信息的共享。

Cookie 和网站数据 ×

全部删除 搜索 Cookie

网站	本地存储的数据
www.02096998.com	本地存储
106.185.49.169	1 个 Cookie
114admall.com	1 个 Cookie
115.28.230.58	7 个 Cookie
120ask.com	2 个 Cookie
www.120ask.com	2 个 Cookie, 本地存储
123.103.58.185	1 个 Cookie
126.net	1 个 Cookie
img1.126.net	4 个 Cookie, 本地存储
15tianqi.cn	1 个 Cookie
163.com	10 个 Cookie
help.3g.163.com	1 个 Cookie
cc.163.com	2 个 Cookie, 本地存储
ent.163.com	1 个 Cookie
g.163.com	本地存储
news.163.com	1 个 Cookie

完成

图 2－3：Chrome **浏览器存储的** Cookie **数据**

① 《70% 的人网上浏览线下购买　网络陈列室现象涌现》，http://www.linkshop.com.cn/web/archives/2015/325979.shtml，2015 年 5 月 9 日

图 2 -4 和图 2 -5:会员在移动端使用百度分别搜索关键词“耐克”和“阿迪达斯”

图 2 -6:会员在电脑端使用百度的情况

当营销从业人员通过不同方式收集到有关消费者准确的行为信息后,他们便能在消费者曾经“出没”过的地方“守株待兔”,并把最为相关的广告信息推送给他们的目标消费群体。

第二节 可“量化”的广告

在传统媒体时代,广告主真正想要做到测量或量化广告效果是非常困难的。“百货商店之父”约翰·沃纳梅克(John Wanamaker)曾说:“我知道在广告上的投资有一半是无用的,但问题是我不知道是哪一半。”① 每年品牌企业主投放在广告方面的费用动辄上百万,而最终收获的广告效果却相当模糊。为了判断几百万的广告预算是否真正物有所值,一般来说,广告主会开展一些传统的广告效果调查活动,以了解广告对人们产生的影响。由于受到技术的限制,这些广告效果调查通常是抽样调查,调查结果在一定程度上很难反映样本的全貌情况。同时,在传统广告时代,广告效果的评价指标是相对单一的。仅仅借助几个媒体数据,广告主对于广告效果的评估难免会“盲人摸象”。即便是在互联网广告产生的初期,一些类似点击量、粉丝数的单一指标也难以让广告主判断一则广告投放的真正效果。另外,在传统广告领域难以做到的一点是针对某个特定消费者行为的数据收集。传统广告主无法做到满足每一个消费者的不同需求,只能尽可能多地做到“大而全”。

与传统广告截然不同的是,大数据精准广告的出现令广告效果的量化达到一个前所未有的高度——这种量化是广告受众全样本的量化,是广告效果多指标的量化,是精确到单个消费者消费行为过程的量化——这些数据为广告主更好地做出营销决策创造了良好条件。

一、全样本的可量化

如今,网络用户日常的各种行为活动都能得到很好的记录,网站不仅

① 周瑞华,斯科特·阿姆斯特朗,《你的哪一半预算浪费了?》,《成功营销》,2014 年第 4 期

能实现用户“主动表达”行为数据的记录，如点赞、转发和评论等，还能实现对用户“无意识”行为数据的存储，如鼠标点击的位置、滚屏行为等。数据收集和追踪技术正在全方位、无死角地覆盖整个网络世界，将所有用户操作或浏览行为以数据的方式尽收囊中。

在精准广告中，从目标设定阶段到效果评估和分析阶段，大量在广告投放过程中产生的数据正在帮助广告营销人员全面、实时地监测着广告营销的效果。有别于传统媒体广告多采取抽样调查了解广告的实际效果，如今广告营销人员能够借助大量技术工具实时了解所有接触过该广告的网络用户的反应，而不仅限于只获得一小部分人群的数据，广告“仪表盘”(Dashboard)便是其中一种常见的形式，不仅能精确地捕捉到与广告营销相关的所有数据，而且还能以不同的可视化图表进行展示，让广告营销人员一目了然。

全样本的量化不仅体现在广告投放效果的评估分析上，在广告投放阶段也能发挥重要作用。超大数据库的形成，各方数据的逐渐增加，为更好地进行营销决策创造条件。广告营销人员能够方便、快捷地获得大量带有不同特征人群的数据。例如：图 2－7 是社交网站 Facebook 广告投放系统中兴趣定向其中的一栏——“母子关系”。系统显示有 308256180 位用户曾对“母子关系”表现出兴趣或点赞。在传统媒体时代，如果一家鲜花店或礼品店想要在母亲节开展一次广告营销活动，广告营销人员一般只能在抽样调查中了解到很多人都对“母子关系”这个话题感兴趣，但是却无从得知这个市场究竟有多大，也无从得知广告营销人员所选媒介的大多数受众人群是否都对这个话题感兴趣。然而，如今一切用户的行为数据都被囊括其中，全样本的量化数据令这些“模糊”的估计和设想终于落到实处，广告营销人员在设定目标时便可以通过 Facebook 广告投放系统中给出的有关不同兴趣或行为特征人群的总量了解自己的目标市场究竟有多大。如果说“母子关系”这个话题更倾向于人之常理，换句话说，无论是否拥有这类数据，营销人员都能知道关心这个话题的人数，那么对于其他话题来说,此类数据的重要性不言而喻。例如:在智能手机铺天盖地的今天,仍然有一部分群体保守传统,喜好使用非智能手机。图 2-8 是 Facebook 广告投放系统行为定向的其中一栏——“非智能手机”。该系统显示,有 330736162 位用户使用非智能手机访问网络。尽管这种看似“少数”“偏门”的群体也许并不为多数广告主关注,但这一方面可以窥见如今大数据精准广告对消费者细分的精细程度和准确度,另一方面也为广告客户进行消费者数据多指标交叉分析和相互验证提供了条件。

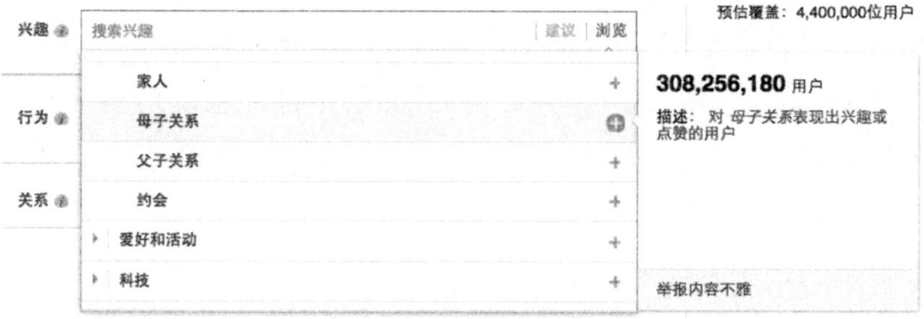

图 2-7:Facebook 广告投放系统兴趣定向①

图 2-8:Facebook 广告投放系统行为定向②

① 数据获取时间:2015 年 5 月 10 日,下午 4 点 30 分
② 数据获取时间:2015 年 5 月 10 日,下午 4 点 42 分

此外,依托较为完善的数据库和算法,处于广告投放阶段的广告营销人员还能对广告最终可能覆盖人群进行全样本的量化预测。图 2 – 9 是淘宝直通车广告投放系统的设置页面。在页面的右侧,有一处对可能覆盖人群的预测,会根据不同的目标人群设置而发生变化。同样,图 2 – 10 和图 2 – 11 是 Facebook 广告投放系统中的受众详情部分,它能根据广告营销人员选择的不同营销目标和对象人群预测广告的覆盖人数,帮助他们更好地进行营销决策。比如:在图 2 – 10 中,营销人员只对目标对象所在的地域和年龄进行了设定,广告系统根据数据库的记录预测该广告可能覆盖人数约为 1400 万用户,广告受众面过广。在图 2 – 11 中,营销人员对目标对象进行了更为详细的设定,包括更为精确的地理位置、兴趣、教育程度、年龄和语言维度,广告系统根据数据库的记录预测该广告可能覆盖人数少于 1000 人,广告受众面过窄。

全样本的量化预测对广告营销的策划与实施非常有意义,能帮助广告营销人员在策划阶段了解策划中可能存在的问题,并及时进行纠正。比如:针对受众面过广的受众设置,广告营销人员可以再加入几个该品牌目标人群共有的特性,以缩小投放范围。当广告营销人员利用数据在初始阶段对营销方案中的问题进行纠错后,广告的投放效果将会得到一定程度的优化,间接提高了广告的投资回报。

图 2-9:淘宝“直通车”广告投放页面

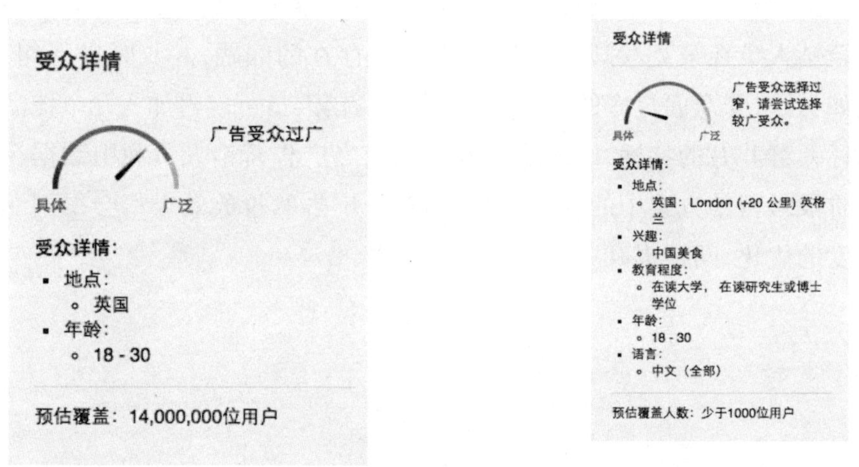

图 2-10 和图 2-11:Facebook 广告投放系统的受众详情

二、多指标的量化

全样本的量化让广告营销人员对广告营销活动效果的预测和判断更为直观和准确，而在精准广告“仪表盘”(Dashboard)上，另一个显著的特点是广告投放效果评估指标的多样化。在传统媒体时代,广告营销人员可以洞察到的关于广告投放效果的数据指标是十分有限的,其中大多都与媒体数据相关。由于数据资源的不足,广告营销人员通常只能在有限的数据资源中尽可能多地挖掘有价值的信息,然而结果往往差强人意。

如今,追踪技术和统计工具的不断发展和完善,为广告营销人员获取更多维度的评估指标创造了条件。许多大型的互联网精准广告投放平台产生的广告效果报告囊括了大量不同种类的指标,以帮助广告营销人员更好地进行判断和决策。例如:Facebook 公共主页的洞察报告提供了包括主页赞、帖子赞、帖子评论、帖子分享、覆盖人数、点击、访问时间、视频观看次数、超过 30 秒观看次数、用户性别、来自国家、所在城市、语言、年龄、关注者在线时段、隐藏、举报垃圾信息及取消赞、自然赞、付费赞等超出 20 种不同维度的指标。这些指标都以不同的图表形式进行展示,而且其中某些指标还能进行交叉分析。依据这些不同类型的指标,营销人员能多角度、全方位地分析同一个广告营销活动,获取更多有价值的信息和营销思路。

同时,这些指标类型的数量仍然在不断增加,将会让广告营销人员对消费者行为和广告营销过程进行更为细致的了解和判断,进一步增进营销者对于广告营销效果的认知,最终将再一次提升广告营销的精准性。点击量或粉丝数,是互联网时代很多广告营销人员非常重视的一个数据,因为它能反映出广告营销活动的影响面。例如:在微博上,如果一条微博的转发数为 10 万,而另一条微博的转发数仅为 100,那么,多数营销人员都会认为转发数为 10 万的这条微博的影响力比转发数为 100 的微博的影响力大,所获得的营销效果自然比转发数为 100 的微博的营销效果好。然而,随着网络技术的日渐发达,近些年来,诸如“买粉”“刷点击”等“地下产业”的发展,点击量和粉丝数的可信度越来越受到人们的质疑。同时,仅用点击量和粉丝数作为评价广告效果的唯一标准也并不可靠。2012 年,Facebook 首席广告效果衡量分析师布拉德 · 斯莫尔伍德(Brad

Smallwood)由大量营销数据得出:曝光量、到达率和频次比点击量更重要。99%购买商品的消费者确实曾经看过商品的广告却从未点击。[①] 而在点击量基础上生成的点击率(Click – Through Rate)也在近年来受到质疑。如图2 – 12,知名研究机构尼尔森的研究显示:销售增长与点击率之间不具有相关性。

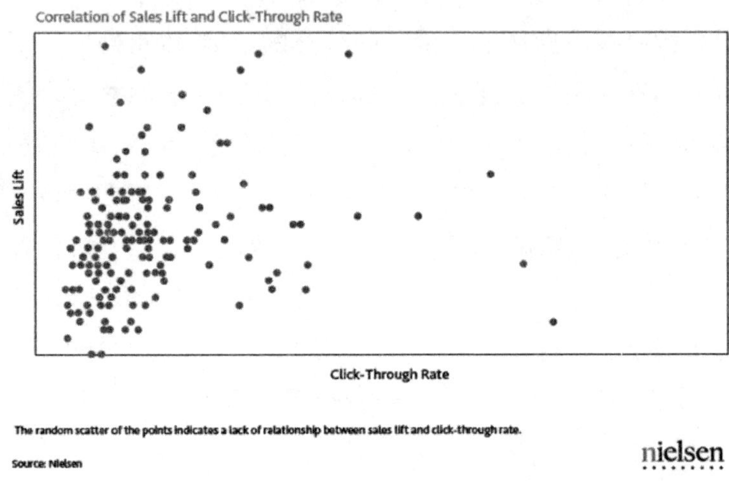

图2 – 12:尼尔森关于销售增长和点击率之间相关关系的研究②

除了Facebook营销专家提出以外,谷歌的营销专家同样提出重视曝光量和到达率的必要性。那么,曝光量、到达率或频次是否又是一个永远有效的指标呢? 全球性互联网信息服务提供商comScore的研究显示:在获得展示的广告中,有31%的广告是无法被消费者看见的。[③] 例如:获得

① *Facebook says impressions, reach and frequency matter more than clicks*, http://www.adweek.com/socialtimes/facebook – says – impressions – reach – and – frequency – matter – more – than – clicks/285018? red = if, 2015年6月10日

② 图片出处:http://www.nielsen.com/us/en/insights/news/2011/research – shows – link – between – online – brand – metrics – and – offline – sales.html,2015年6月10日

③ 《当网络广告"可见"时,所有人真的会看吗》,http://www.forbeschina.com/review/201307/0027214.shtml,2015年7月13日

展示的广告处于网页页面底端，而浏览页面的网络用户并未使用鼠标滚轮向下使广告出现在“可被看见的范围”便点击了某个链接转入另一个网页之中。针对这个问题，不久前有营销专家提出“可视化曝光”（Viewable Impression）这一指标，用以衡量一则广告在用户可视范围内进行展示的次数，这可能将再次改变广告业界对于目前广告效果衡量指标的看法。

广告营销界对待从点击量到曝光量再到可视化曝光的态度转变过程说明，即便是在程序化购买广告时代，仅仅依靠少数的指标衡量广告营销活动效果也是非常片面的，这进一步突显了指标多样性的重要性。相比传统广告而言，目前程序化购买广告所能提供的指标种类数量相对较多，在广告效果的准确衡量和分析上占有一定优势。同时，随着科技的进步，越来越多更为严谨的广告效果衡量指标将会出现，广告营销人员对于营销活动效果的把握也将愈来愈精准。

三、被量化的个体消费者

从来没有一个时代能像今天这样对人们的行为了若指掌。在传统媒体时代，广告营销人员只能从总体上把握目标消费者群体的特征和喜好，而难以观测到某一个具体消费者的变化。如今，随着程序化购买广告的发展进步，以 Cookie 为主的追踪技术能记录下网络用户每分每秒的“行踪轨迹”，以数据的形式向广告营销人员时刻反馈消费者的变化——这也是能够实现大数据精准营销的最大技术基础。

“2912189271158 * * * * * * * * * * *，这是位于山东烟台的一个女性互联网用户“冰”的 Cookie 代码。

2010 年 1 月 28 日，早上 10 点，冰点击了京东商城在暴风影音上的广告，29 日晚上 23 点在百度上搜索关键词“京东”，接着点击了京东在百度上投放的广告并到达了“我的购物车”，30 日 6 次点击百度上京东投放的广告，并在 10 点及 23 点到达“我的购物车”，31 日再次搜索京东，并点击广告。

2010 年 2 月 6 日，晚上 11 点，浏览完京东的广告之后，冰进入了 Masamaso 的官网，2 月 25 日她再次到达了 Masamaso 的官网。

2 月份，冰总共有 42 次点击百度上京东的广告，而且点击几乎都是在早上或晚上 10 到 12 点发生，1、2、3 日她每天都到达“我的购物车”，但没有下单，2 月 4 日她下了第一个订单 1403983，8 日 16 点下订单 1515991，17 点下订单 1516321，10 日 0 点下订单 1554465。之后只是张望。”

这是聚胜万合通过 Cookie 对一个典型用户的行为记录和分析。①

在互联网上，每一个网络用户都有属于自己的一个“文件夹”，其中堆放着大量由 Cookie 追踪技术得来的用户行为数据。同时，网络用户在不同网站上的会员账号也记录着大量消费者行为的信息。一个生存在网络虚拟世界的人不代表能够完全遁形于世界之外，只要他仍然在网络上有所活动，他的行为便能够被一一跟踪和记录。

不同的用户数据能为处于策划阶段的广告营销人员提供很好的参考。例如：哪些消费者曾经对产品产生兴趣？哪些消费者曾经主动搜索相关的产品或品牌？哪些消费者曾经在社交媒体上谈论与品牌或产品相关的话题？通过追踪大量消费者数据，广告主能从中获取有价值的消费者洞察信息，并能进而“个性化”地向他们推送各自所需要的产品或服务，更为高效地实现转化。比如：亚马逊网站会根据不同消费者搜索、查询、购买、收藏的记录推送相关的商品，因为亚马逊默认消费者对这类商品的购买可能性更大。同样，淘宝网的“发现 · 好货”功能也是一个很好的案例。

图 2 - 13 是淘宝会员“kichel * * * * * ”于 2015 年 7 月 9 日晚间登入淘宝网站的首页界面。页面右下方的“发现 · 好货”功能分别推荐了

---

① 《最直接的广告》，《第一财经周刊》，2011 年 06 月 27 日

玫瑰花、进口野生虾和麻辣虾尾 3 种商品。这是因为,该会员曾于 2015 年 7 月 8 日晚间使用淘宝移动端 APP 搜索产品“玫瑰花”;而在其购买记录里显示,2015 年 7 月 4 日,如图 2 - 14,该用户曾购买了店铺“生鲜购”的商品“加拿大龙虾”,而该用户也于不久前收藏了这个店铺。依托不同会员的收藏、搜索和购买数据信息,淘宝网能构建出不同消费者的兴趣模型,并在网站中抓取与之相关的产品,最终当消费者再次登入网站,这些相关的产品信息便会推送给该会员,达到精准营销的目的。

图 2 - 13:会员“kichel * * * * *”于 2015 年 7 月 9 日登入淘宝网站的首页界面

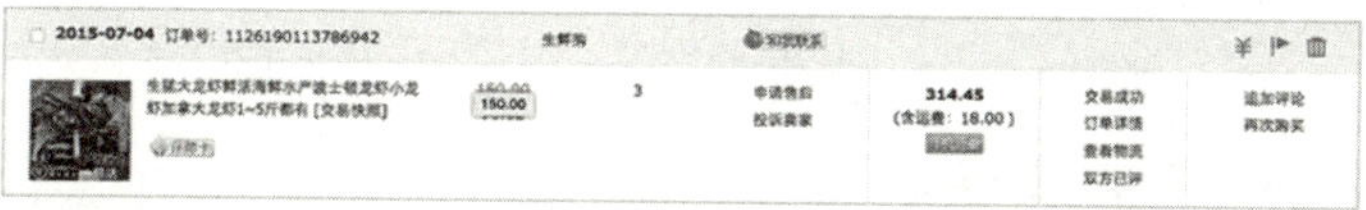

图 2 - 14:会员“kichel * * * * *”2015 年 7 月 4 日在淘宝的购买记录

虽然目前广告界对网络消费者数据的解读和分析仍然有所欠缺,但不可否认的是,实现对单个消费者行为数据的追踪和记录,为日后更为精确的广告营销提供了坚实的技术基础。

第三节 效果导向的广告

广告效果,是广告研究的重要内容之一。传统广告有一系列方法对广告效果进行定性和定量的测量。而对于大数据精准广告,广告效果问题需要全新的方法和技术来测量,需要进一步的展开专项研究。无论对于消费者还是广告主,基于大数据的精准广告都带来了新的价值。

一、精准广告给消费者带来“相关性”与“个性化”

在传统广告领域,由于受到传播技术的限制,“个性化定制”广告几乎是不存在的。即使一些广告主会特意购买与产品广告相关的广告媒体资源,例如:旅游产品购买旅游类杂志或电视旅游频道的广告资源,又或是根据自己会员的登记信息向会员的信箱或电子邮箱寄送公司的宣传信息,但这仅是借助小数据库而实现的个性化广告推送,广告的个性化水平和产业化水平仍然非常低。基于大数据的精准广告让广告的个性化和相关性程度得以大幅提升,消费者将越来越多地摆脱大量不相关广告的狂轰滥炸。借助互动的传播技术,在广告投放过程中,用户还能化被动为主动,向广告投放系统反馈自己的兴趣,挑选自己喜欢的广告。

案例 2 -1:消费者 A 的精准广告体验

消费者 A,24 岁,女性。

图 2 - 15 是谷歌广告设置页面的主界面,根据消费者 A 在 Chrome 浏览器上先前的浏览记录,谷歌广告系统精准的认定她为女性,年龄在 18 -24 岁区间。当她在“您的兴趣”一栏中键入相关兴趣,如图 2 - 16:求职与教育、图书与文学、美容与健身等,在其他网站上她看到了某护肤品广告,如图 2 - 17。

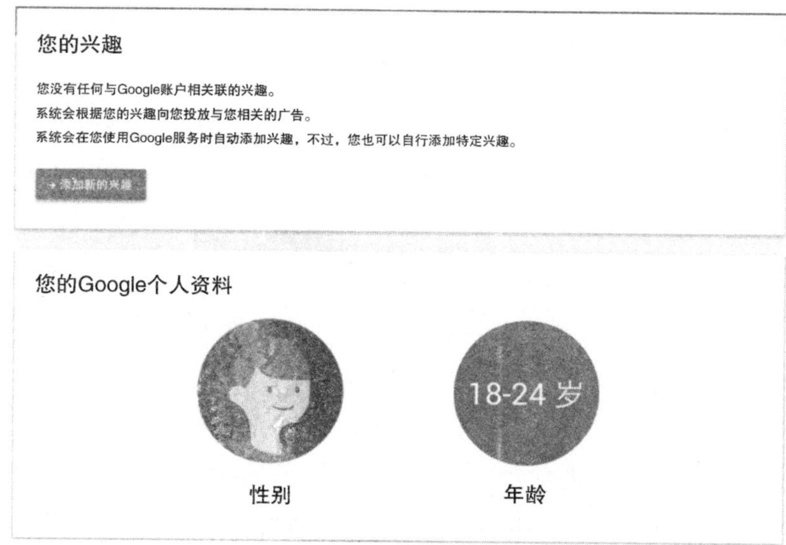

图 2 - 15:消费者 A 的谷歌广告设置主界面

图 2 - 16:谷歌广告设置"您的兴趣"一栏

图 2 - 17:精准广告自动为消费者 A 推送的护肤品牌广告

案例2-2:强生公司个性化"道歉"

强生公司旗下的女性卫生棉条O. B. Tampons在2011年无故下架,消费者在各分销商店遍寻不获。尽管强生公司已经向公众公布缺货的原因是生产商的问题,但仍然造成了许多消费者的不满。为了平息风波,强生于2012年宣布恢复O. B. Tampons,但仅限于Regular,Super和Super Plus系列,Ultra系列不在被恢复系列之中,这再次造成了许多消费者的不满。为了表达歉意,强生公司在O. B. Tampons的网站上传了一段自制视频O. B. Triple Sorry。只要用户将自己的名字输入进去,一首由帅哥主唱,有玫瑰花瓣的个性化道歉歌将会只为该用户而唱!视频在多个情节中巧妙地嵌入用户的名字,听完歌以后,消费者可以进一步将折扣券打印出来使用,也可以将这首个人化的道歉歌分享给朋友。①

基于大数据的"精准广告",让成千上万不同的广告在分秒之间递送至不同的消费者面前,实现了传统广告业难以实现的"实时千人千面",消费者有更大机会看到与自己兴趣爱好相关的广告信息,有效地防止被无关广告干扰,增加了更好的用户体验。

二、精准广告给广告主带来"高效率"与"好效果"

1. 高效投放

在传统媒体时代以及互联网时代初期,广告投放模式是广告主直接购买媒体或通过代理商间接购买媒体,广告投放数据再从媒体反馈至广告主,完成整个广告投放的闭环。这样的投放过程历时长、耗人力、时效差。程序化购买的广告流程,使得广告既快又准,机器操作替代了传统的人工操作,使整个广告投放过程大大加速,广告投放闭环的运转速度进入"秒针时代"。在用户打开网站不到1秒的时间内,程序化广告购买系统能完成从发出竞价指令到广告最终展现在用户屏幕上的全过程。程序化

---

① 《个性化营销时代的到来》,http://www.alibuybuy.com/posts/69864.html,2015年6月14日

的操作模式和运作流程大大降低了人力成本和时间成本,提高了广告投放的效率。

案例2-3:"价格"不同的消费者

"ESPN是美国的一家有线电视联播网,24小时专门播放体育节目。美国体育游戏发行商EA Sports正在ESPN网站上推广一款新的篮球游戏。现在,用户A和B都要访问ESPN网站ESPN.com。其中,用户A喜欢玩电脑游戏,不久前曾点击过一款足球游戏的横幅广告;而且他时常访问ESPN的篮球页面,曾在网上搜索购买纽约尼克斯队比赛的票。虽然B用户也时常访问ESPN的网站,但是从未访问或点击与游戏相关的网站或广告。因此,在竞价中,用户A与投放广告的相关性,也就是用户A可能转化为客户的可能性较高,在竞价算法结果中可以获得较高的排名,EA Sports出现在用户A屏幕上的概率也因而较高。"①

这个案例告诉我们,广告主可以通过不同的价格,找到不同价值的消费者。精准广告让广告投放过程大大缩短,并更加的智能化,不仅节省了大量的人力和时间,而且也大大缩短了广告效果监测和反馈的全过程,令广告效果得以实时优化,进而提升广告营销的整体效果。

2. 多层次的广告效果优化体系

在传统广告营销中,广告投放数据通常是在每一次广告营销结束后才可获得,因此也就限制了这些投放数据的效用,"一出生"就过时了,成为经验数据,不具备对当次投放本身的价值。程序化购买广告系统能实时向广告主反馈广告投放数据,广告投放数据不再作为"历史数据"而存在,而是真正对本次广告营销活动产生实际影响的"实时数据"。广告主可以根据这些数据随时对广告的各项设置进行更改和调整,实时分配广告预算,以优化广告的投放效果,提高广告资金的利用率。除此之外,对

① (美)麦德奇、保罗B.布朗著,王维丹译,《大数据营销定位客户》,机械工业出版社,第1版,2015年1月,第113页

广告效果的实时监测和优化也能帮助广告营销人员实时调整广告营销策划的方向,在整个广告营销过程中持续提升广告的效果。

案例2-4:杜蕾斯产品的实时优化

2014年7月14日至8月10日,利洁时集团旗下的杜蕾斯品牌通过悠易互通(北京)广告有限公司在互联网上推广持久装产品(Performa Intense)。在项目执行过程中,广告营销人员对数据进行实时监测、分析,并采用以下四大手段进行优化,以提升广告推广的整体效果。第一,人群标签优化:不断测试备选兴趣标签的效果。通过逐一测试增加备选兴趣后对广告点击率的影响,广告营销人员发现对服饰感兴趣的用户点击广告的比例较低,而对体育和家居有兴趣的用户点击率较高。第二,页面关键词优化:不断测试不同类型的关键词定向对广告点击率的影响。广告营销人员发现,拥有较为宽泛的通用词或品类词的页面广告点击率较高,而仅有品牌词或产品词的页面广告点击率欠佳。第三,时间优化:与其他互联网投放中暂停周末投放情况不同的是,广告营销人员发现在此次推广中,周末(周五到周日)的点击率要高于平时,这可能与产品本身的特点有关,在周末时目标人群对此类产品的兴趣较高。第四,算法优化:使用悠易互通DSP特有的自动试探和自动优化的组合功能,用机器学习的方式提高广告效果。比如,自动试探功能可以针对之前没有投放过的广告位进行测试,所获效果较好的广告位随后则进入自动出价系统。另外,根据各种历史投放数据和当前投放数据,系统还能自动预估各个广告位的合理出价,根据不同的广告位竞拍不同的价格。①

借助程序化购买广告系统,广告营销人员不仅能在投放前敏锐地找到目标消费者人群,将相关的广告信息推送至他们面前,促成"消费者赢、媒体商赢、广告主赢"的"三赢"局面,而且还能实时向广告营销人员

---

① 《杜蕾斯:PC+移动双平台 程序化购买案例》,http://a.iresearch.cn/case/5133.shtml,2015年6月14日

反馈各种广告投放数据,让他们通过不同工具和方法优化广告营销的效果,真正实现广告的高效投放。

3. 高投资回报

在以大量全样本数据为依据的广告营销策划过程中,广告营销人员能较为精确地定位目标投放市场,确定投放渠道和时刻,合理规划广告预算的使用,这也帮助广告主在策划准备阶段预先规避投资浪费,提高了广告的投资回报率。

搜索引擎广告是大数据精准广告的一个非常重要的广告形式和广告渠道。借助搜索引擎广告营销(SEM,Search Engine Marketing),广告主能在消费者搜索与品牌或产品相关关键词时及时将产品信息推送给这些消费者,满足消费者的需求,实现与消费者有效而精准的沟通,进而提高广告的投放效果。

案例2-5:潘婷的搜索引擎广告效果数据

"2011年,潘婷开始开展紧密的SEM年度投放策略。它的市场推广目标是增加洗发水行业的点击份额,通过建立头发护理专家形象,教育潜在消费者头发护理的重要性,并提供解决办法,最后通过SEM带来流量完成终端在线购买。经过一年的时间,潘婷的搜索量增加40%,百度洗发水行业市场点击份额达到15%,高出百度行业标准100%以上。同时,潘婷每月获得的展现量从0上升至1000万以上,行业关键词覆盖率从0上升至80%。在2012年,潘婷CTR(点击率)高于行业水平240%。"①

再来看展示类广告,通过程序性购买,同样可以更为高效的利用各种网络资源,实现与消费者更有效的沟通,减少广告投放的浪费。

---

① 《宝洁:潘婷SEM年度投放策略》,http://case.iresearchad.com/html/201208/3003542913.shtml,2015年6月18日

案例2-6:芬兰航空的精准投放效果

"2013年,芬兰航空与传漾科技合作,进行春节回家机票的精准广告投放。芬兰航空每周有27个航班飞往中国各大城市,是旅居欧洲中国人的一大回家选择。首先,传漾科技对许多用户数据进行搜集分析,帮助品牌有效判断用户地理位置,通过对Cookie数据进行定向选择,将目标人群分离出来,为芬兰航空寻找出合适用户人群,进行精准广告投放。其次,当这些目标人群进行网络浏览时,网站广告位通过快速向传漾供应方平台SSP(Supply Side Platform)发送广告售卖请求,让实时交易平台Adplace能够对用户属性进行快速判断分析,根据芬兰航空品牌需求,对其所管理广告位进行匹配,从而决定广告的投放位置,并通过网络竞价,激活这些网页广告位,将动态广告"机票",直接定向送到用户面前。最终,芬兰航空的精准广告获得平均点击率0.53%,最高日点击率0.87%,唯一用户占总覆盖用户的比例为59.7%,实现了广告投放效果的有效提升。"①

精准广告提升广告客户的投资回报率主要通过以下几个方面:

首先,借助用户数据,广告营销人员能在投放初期有效地根据各类数据设置切实的广告营销策略和目标,在源头上把控好广告资金的用处,避免造成不必要的浪费。比如:在上文图2-10和图2-11中提到的广告受众面的预测便是一个在投放前根据数据避免浪费的例子。其次,精准广告降低了广告投放的门槛,并促进"按效果付费"的实现,进而有效的提升广告的投资回报率。

① 《RTB让广告位"活"了》,http://tech.hexun.com/2013-05-14/154108103.html,2015年6月20日

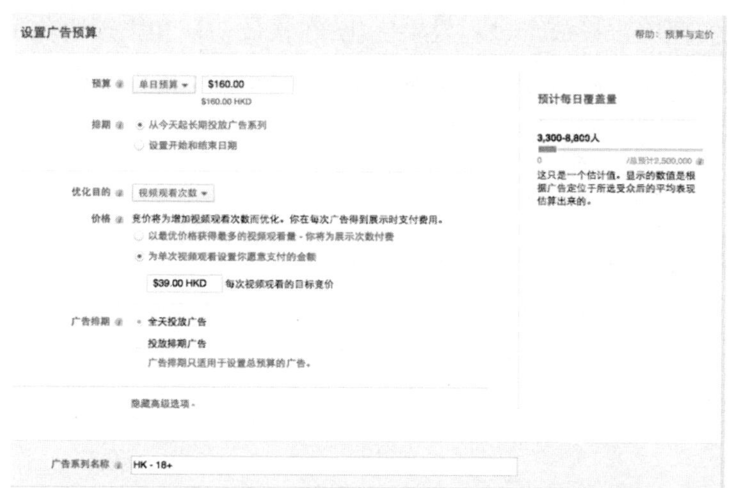

图 2－18:Facebook **广告竞价系统“设置广告预算”界面**

图 2－18 是 Facebook 广告投放系统中广告预算设置的部分,广告主投放的成本只需大于 0 即可,没有起步价的限制。广告主可以根据投放系统中预测该广告将获得的投放效果而进行相应的出价。价格的高低可以由广告主自主决定,可能低至几十元一天,也可高至上万元一天。同样的,广告主可以选择不同的付费模式,在价格选项中,广告主可以选择自动竞价或手动竞价模式。在“手动竞价”一栏中,广告主可以进一步选择付费方式。

“按效果付费”指的是广告主按照广告的效果进行付费,广告效果的绩效标准由广告主和媒体共同协商。例如:在谷歌关键词广告 AdWords 中,广告的主要付费模式是按点击付费。谷歌在 2010 年推出新的广告服务——产品广告,付费模式是按购买付费,这对电子商务网站而言非常有意义。“按效果付费”模式的进步之处在于将广告投放费用与广告的投资回报率直接挂钩,对广告主来说是对投资回报的直接保障。

精准广告的本来之义便是通过提高广告投放的精准度进而提升广告的投资回报率。在大数据时代,精准广告的投放效率高,为广告主节约了大量的时间、人力和物力,控制了广告投放的成本;能更为精准地定位目标人群,实现广告投放全过程效果优化,在投放初期和中期避免了广告投放费用的浪费。因此,作为新事物的精准广告已经初步呈现出了良好的广告效果。

第三章

生态体系:程序化购买的整体框架与产业链条

大数据精准广告,不仅仅搭建了一系列新的支撑资源整合与流动的平台,更创造了丝丝相扣的新的价值生态体系。这个生态体系的核心是“程序化购买”,因此,很多业界人士直接使用“程序化广告”这个新名词来指代基于大数据的精准广告。“程序化购买”指的是以消费者大数据的收集、存储及运用为基础,在媒体资源得以打通,各种技术和平台之间互相连接、相互依存的生态系统建构起来的条件下,广告业通过自动化的程序和流程进行媒体购买的过程。

从本质上看,精准广告的程序化购买生产流程正在重建广告业的新型生产关系。

第一节　程序化购买的多元市场主体

程序化购买,由英文“Programmatic Buying”翻译而来,艾瑞咨询对它的定义为:“通过数字平台,代表广告主,自动执行广告媒体购买的流程。”与传统人力购买广告方式不同,程序化购买广告通过编制程序建立规制和模型,在对数据进行分析的基础上,依靠机器算法自动进行广告购买并实时优化,“人力”在广告投放中的作用明显减弱。我们在前文(第一章第三节)已经对精准广告生态系统的演变过程和发展逻辑进行了纵向的回顾，这一节在此基础上对程序化购买的多元市场主体进行横向的、更加详细的介绍。传统广告业的市场主体简单而清晰——“广告主”“代理公司”“媒体”。但基于大数据的精准广告却复杂得多，而且其每一个市场角色不仅仅是完成一种或几种功能，更是从不同的角度整合广告资源的平台型市场参与者。

一、广告网络平台（Advertising Network）

广告网络平台（Ad Network）是一种介于想出售广告资源的网站与想在网站上刊登广告的广告主之间的中介平台。① 根据功能的不同，可以将广告网络平台分为两种类型：一种是代理型的广告网络平台，另一种是定向型的广告网络平台。“代理型 Ad Network 最早可追溯到1995年Doubleclick成立并开始建立Doubleclick Network，以及随后的1998年中国第一个Ad Network好耶广告网络成立。……定向型Ad Network最早起源于google的Adsense和百度的主题推广。”②代理型的广告网络平台一方面帮助媒体售卖广告资源，另一方面为广告主监测广告投放效果。定向型的广告网络平台收集媒体未售卖的广告流量，按照人群属性、兴趣等进行拆分及重组，再售卖给广告主，能够为广告主提供合适的网络媒体广告投放组合策略。

早期的广告网络平台大多属于代理型，主要服务于中小网站。相较于大型网站，中小网站即使质量较高但仍难以满足广告主较大的流量需求，因此在广告售卖过程中处于劣势。广告网络平台的出现将中小网站联合起来，建立标准的售卖规则协议，汇集了大量的流量统一进行售卖，免去了广告主繁琐的广告谈判步骤。广告网络平台帮助中小网站主实现了流量变现，随后一些大型的网站也将其长尾流量放入广告网络平台中

---

① 商志营，《Ad Network的瓶颈与发展之道》，《广告大观》，2012年第6期

② 曹振，《Ad Network的春天》，http://www.cnbm.net.cn/article/ar521704478.html，2015年5月30日

售卖,广告网络平台由此得到快速发展。然而,广告网络平台虽获得网络媒体的认可和信赖,但由于其提供的往往是长尾流量,广告效果并不一定能让广告主满意,如何优化广告投放效果成为广告网络平台的难题。随着程序化购买广告的兴起,传统代理型的广告网络平台正在向定向型的广告网络平台转型,功能上接近于广告交易平台(Ad Exchange),接入多家 DSP、SSP 等,以程序化的方式售卖媒体流量,提高网络媒体与广告主之间的匹配度。

目前,代理型广告网络平台的盈利方式主要是通过将购买的媒体资源转卖给广告主,赚取“中介费”,而定向型的广告网络平台通过提供更多的“精确制导”功能来获取服务性的费用,这更具有趋势性。

二、广告交易平台(Ad Exchange)

正如第一章我们谈到的,广告交易平台(Ad Exchange)不仅仅是一个连接媒体方与广告主的关系平台,还扮演“证券交易所”的角色,它连接了为广告主服务的 DSP 以及为媒体服务的 SSP,并为它们提供广告的交易场所。此外,广告交易平台确立了“价高者获胜”的规则,改变了依靠人力反复谈判的“高交易成本”的传统定价方式,使得广告价格真正由市场决定,广告交易更加透明、合理。

广告交易平台通常有两种盈利方式:一种同时向 DSP 和 SSP 收取服务费用;另一种向 DSP 收取费用并基于媒体或者 SSP 收入进行分成。据行业通用标准,广告交易平台和媒体三七分成,广告主每投 10 元钱广告费,就有 3 元进入平台方的口袋。①

三、DSP 需求方平台(Demand Side Platform)

DSP 为广告主提供跨平台、跨媒介的广告投放平台,通过数据整合、

① 邢庆亮,《聚集 RTB 产业链》,《广告主》,2013 年第 6 期

分析实现基于受众的精准投放,并且实时监控不断优化。DSP 为广告主服务,在程序化购买市场里,由它来代替广告主,决定是否出价购买广告以及出多少价格购买广告等问题。DSP 免去了广告主繁琐的购买广告步骤,为广告主提高了广告购买效率和质量。

程序化购买的关键即在于 DSP 的能力,一个优质的 DSP 应具备 3 种能力:首先是流量的接入处理能力。流量接入指的是与各大广告交易平台对接流量,这些流量来自它们接入的各媒体网站的流量,如果流量接入的处理能力不够可能会影响数据存储、计算、出价等各方面。其次是用户价值的判断能力。根据第三方数据供应商提供的信息,结合广告主自身的人群数据库,DSP 替广告主判断每个用户是否具有价值、是否值得购买,对用户价值判定的准确性是影响 RTB(实时竞价)广告实现精准投放的重要因素。最后是合理出价计算的能力。竞价过程中出价过高,将增加成本,影响 KPI(关键性指标)的实现,而出价过低又有可能丧失广告曝光的机会,因此 DSP 需综合考虑各方因素,给出合理的报价,既提高竞价成功率又减小投放成本。

DSP 目前主要有两种盈利方式:一种通过向广告主收取服务费作为收入来源,由于服务费是固定的,单纯依靠这种方式限制了 DSP 收入的增加,将使 DSP 缺少广告优化的动力。另一种则是与广告主共同设立 KPI,超额完成 KPI 后 DSP 将获得额外的奖励。

四、SSP 供应方平台(Supply Side Platform)

与 DSP 需求方平台相对应,SSP 供应方平台帮助媒体管理来自广告交易平台、广告网络平台、广告联盟乃至直接接入的 DSP 等流量。① SSP 为媒体服务,与媒体的流量对接,帮助媒体售卖库存流量。对于 RTB(实时竞价)购买方式而言,由它代替媒体发布购买请求及广告位信息,决定

① 邢庆亮,《聚集 RTB 产业链》,《广告主》,2013 年第 6 期

每次曝光最低的出售价格。SSP 通过对媒体库存流量的高效管理,帮助媒体实现收益的最大化。

在 RTB(实时竞价)广告未出现以前,媒体通常将广告位包时段进行售卖,一些优质的广告位可以较快售卖光,但也有一些广告位难以找到合适的广告主,媒体只能把这部分资源以超低的价格打包给代理商。这样将广告位包时段售卖的方式存在两种缺陷:一方面签订包时段售卖合同时,媒体往往需向广告主承诺达到一定的曝光量和点击量,如果达不到要求,媒体则必须向广告主补量,这给媒体带来了较大的压力,在实践过程中,媒体补量的情况时有发生;另一方面,一些卖不出去的流量或者用不完的流量,媒体只能低价贱卖,不能充分实现流量的价值。随着 RTB(实时竞价)广告的出现,媒体将库存的广告资源(未卖出的或剩余的流量)接入 SSP,SSP 又将这些资源对接到广告交易平台上进行拍卖,通过各家 DSP 竞价的方式充分挖掘流量的价值,获得较高的广告收益。

SSP 的盈利模式是基于媒体的广告收入进行分成,这种模式将 SSP 与媒体的利益紧密的捆绑在一起,因此 SSP 能够尽可能地增加媒体的广告收入,有助于整个 RTB(实时竞价)广告产业链的良性循环。

五、交易专柜(Trading Desk)

交易专柜(Trading Desk)一词借用了金融业中“交易专柜”的概念,是广告代理商进行数字化广告投放的工具,功能类似于 DSP,通过对接多个 DSP 来进行广告的优化投放。① 从基本功能上来说交易专柜与 DSP 并没有本质的区别,但是业内有一个形象的比喻很能说明他们的区别:“如果说 DSP 是证券交易营业厅里所有散户股民都可以使用的交易平台的话,那么 Trading Desk 就好比证券营业部的大户室。”

首先,交易专柜与 DSP 的“出身”不同。DSP 多来自具有“互联网基

① 艾瑞咨询,《2012 中国 DSP 行业发展报告》,http://report. iresearch. cn/1834. html,2015 年 2 月 10 日

因"的技术型公司,而交易专柜则"出身名门",一般都隶属大型的4A传统广告公司,是这些传统的广告服务巨人应对程序化时代的利器。如Amnet的母公司是电通-安吉斯集团(Dentsu Aegis Network);Accuen的母公司是宏盟媒体集团(Omnicom Media Group)等。第二,借助母公司多年客户资源的丰富性,交易专柜能够提供从传统媒体购买到程序化购买的"全案"投放能力,提供更好的媒体资源和定制服务,参与广告主的年度整体提案比稿,并保证大品牌客户的品牌安全等。

六、DMP数据管理平台(Data Management Platform)

DMP是一个庞大的用户数据管理平台,通过对用户数据的标准化和分类,实现科学的数据管理。根据用户数据来源的不同,可以分为第一方数据DMP和第三方数据DMP。第一方数据DMP的数据来源为广告主,通常为广告主自有的DMP平台,帮助广告主搭建自己的目标人群数据库,实现精准的广告投放,数据所有权也归于广告主所有。而第三方数据DMP的数据来源更加多元,不属于单一的广告主,可能来自于一些公共数据或是购买DSP的投放数据等,数据的所有权归DMP自己所掌握。正是由于DMP的存在,访问用户的人群属性、兴趣、爱好等信息能够被充分挖掘,广告主投放由此更加精准。DMP是程序化购买产业链得以有效运作的基础。

通常DMP的盈利方式是向数据的使用方收取费用(DSP、SSP、广告交易平台等),可以按效果分成收费,也可按照查询次数或者按包段时间收费。

七、DCOP动态创意优化平台(Dynamic Creative Optimization Platform)

DCOP是一个为广告主提供动态创意优化工具的平台,能够动态生成展示广告,将原本需要人工设计完成的动态创意自动化生成。DCOP

根据每条动态创意的点击率、转化率以及用户在动态创意的停留时间等信息,找到最吸引用户的动态创意元素,将这些元素结合广告主的产品信息、推广活动等设计出动态创意。DCOP 利用算法技术,能够随着用户浏览时间、浏览地点、浏览网站位置的不同以及兴趣偏好的变化,而实时变化创意,适应不同的广告环境要求。

DCOP 为广告主提供动态的广告投放和优化解决方案,从而收取服务费用。

八、广告认证平台(Ad Verification Platform)

广告认证平台为广告主监测广告投放环境,确保广告能够合理投放并更好地追踪每则广告。在 RTB(实时竞价)模式下,广告投放的广告环境是未知的,因此广告主更加关心广告投放的环境问题,比如广告出现在哪些网站、广告位?网站的内容是什么?网站内容是否适合广告产品?是否存在黄色、暴力等不良信息?当一个网站在报道问题奶粉事件的时候,显然不适合投放奶粉及类似产品的广告。

广告认证平台的核心技术是访问机器人。当广告弹出的一瞬间,广告认证公司会指派一个机器人用同样的地域、同样的浏览器、同样的分辨率、同样的 Cookie,也访问一下那个广告,然后根据访问情况进行属性分级,①判断广告投放环境的优良。一旦下一次广告再投放在此 URL,广告认证平台会根据之前的评判结果,决定允许还是阻断广告投放。

广告认证平台主要依靠向广告主收取服务费用盈利,但也有一些公司比如谷歌的广告认证平台服务是免费向所有使用 Double click 的广告主开放的。

---

① 《谷歌推出免费 ad verification 服务,品牌 RTB 投放关键》,http://www.adexchanger.cn/tech-company/adexchange/1733.html,2015 年 6 月 11 日

第二节 程序化购买的主要类型及产业链革新

程序化购买广告实现的关键在于对数据的整合和分析技术，借此能够根据人群属性的不同，有针对性地投放广告，广告主、媒体甚至是受众都可以从中受益。广告主的广告能够精准地到达目标受众，实现更好的投放效果；媒体则可以提升偏长尾流量的填充率，实现流量价值的最大化；对于受众而言，网上广告体验得到提升，通过对受众消费需求的分析和广告曝光频次的控制，受众不再被不相关的广告或者同一内容的广告反复骚扰，且观看的广告往往与需求相符，为购买决策提供了有价值的参考。

程序化购买广告实际上是从媒体购买方式的角度来对大数据精准广告的描述，具体如何购买广告决定着其产业链特征以及背后的新型广告业生产关系。

一、程序化购买的主要类型

以往一提及程序化购买，人们常常将其等同于 RTB（实时竞价）广告，但是完全公开的市场资源和价格并不能满足一些广告主对特殊优质广告资源的需要，因此随着市场的不断发展，程序化购买又衍生出了多种类型，以适应不同的媒体、广告主的需求。对于程序化购买，最简单的分类即 RTB 广告与非 RTB 广告。二者最大的区别在于，前者的广告在公开的市场上通过“竞价”完成交易，而后者的广告购买或者通过广告主与媒体之间协议定价，或者在非公开的市场上竞价产生。

与此分类标准相类似，美国互动广告局 IAB 从媒体方的角度，在媒介广告购买的诸多要素中找到了“公开议价的程度”和“流量的开放程度”两个重要指标。在程序化广告的购买过程中“公开议价的程度”高指的是对流量展开拍卖,出价高者得之的“公开竞价”方式,而“公开议价的程度”低指的是类似传统媒体购买方式通过买卖双方的议价商定价格;“流量的开放程度”指的是媒体方流量是否进入公开拍卖的流量交易平台,一般而言,媒体总是会预留一些优质的流量,以更高的价格卖给有特定需求的广告主。如图 3 - 1 所示,根据这两个标准划分出了 4 种程序化交易类型:私有程序化购买(Automated Guaranteed)、首选交易(Unreserved Fixed Rate)、公开竞价(Open Auction)和受邀竞价(Invitation - Only Auction)。

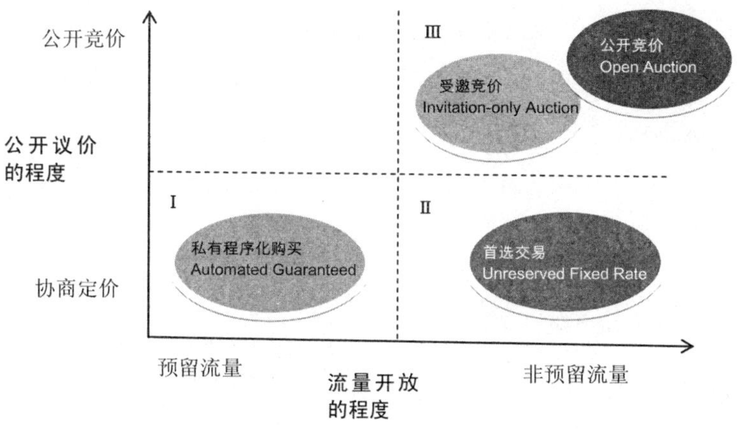

图 3 - 1:程序化购买广告的交易类型①

1. 公开竞价(Open Auction)

根据“公开议价的程度”和“流量的开放程度”,图 3 - 1 被分为 4 个象限。象限Ⅲ代表以竞价对市场公开的流量资源进行采购的媒体购买方式。其中,右上角图饼被 IAB 称为“公开竞价”模式,其实就是一般意义上著名的 RTB(实时竞价)广告。对于这种类型的程序性购买广告来说,

① IAB, Programmatic and automation - the publisher' perspective, http://www.ipinyou.com.cn/upload/file/admin/3090070770195134.pdf, 2015 年 3 月 25 日

广告主与媒体之间不需要任何的真正意义上的“接触”，广告投放过程只需要通过 DSP、广告交易平台等，按照广告主的诉求进行人群定向和投放即可。

RTB（实时竞价）广告是程序化购买广告最早的起源，它最具有“程序化”的特征，也是对传统人力购买广告最彻底的颠覆：由依靠人力购买向依靠机器自动化购买转变，由购买“广告位”时代进入“购买人群”时代。2010 年以后 RTB（实时竞价）广告在美国兴起，之后几年时间里已经在世界范围内迅速发展。

RTB（实时竞价）广告是在对用户数据进行分析的基础上，针对每一个用户的广告展示行为展开实时竞价的买卖交易。不同于传统预先购买固定时段、固定广告位的广告模式，RTB（实时竞价）广告交易以向每个个体展示广告为基础，模仿股票交易模式，通过机器算法实现实时自动买卖。因此，“实时”（real - time）意味着可以在任何时间、任何网络广告位、针对特定消费者行为与习惯，进行同步的广告展示；“竞价”（bidding）意味着改变传统广告价格由广告主与媒体之间协商议价的定价规则，通过特定的技术系统，广告主可以针对单个网民的价值进行评估，根据评估结果给出价格，同时在多个广告主共同出价的情况下，通过竞价的方式，出价最高者获得在网站上向特定消费者展示广告的机会。

此外，RTB（实时竞价）广告的价格相较于其他几种类型的程序化购买广告要更加低廉，对广告主而言属于一种“大众产品”，媒体往往将相对“长尾”的广告资源在公开交易市场上进行售卖。这也意味着 RTB（实时竞价）广告在程序化购买里的资源优先级最低，往往是经过私有程序化购买、首选交易和受邀竞价之后的剩余流量。

2. 受邀竞价（Invitation - Only Auction）

在图 3 - 1 中同样位于第Ⅲ象限的左下方图饼代表着另外一种程序性广告的类型，被称为“受邀竞价”型，英文是“Invitation - Only Auction”。总体而言，这种类型的程序化广告与公开竞价很相似，也是针对公开资源进行公开竞价,所不同的是,媒体在竞价拍卖之前设定一些条件,邀请满足条件的广告主来参加竞价,没有受邀的广告主则不能参加竞价。

受邀竞价适合于有一定规模的品牌广告主,通过受邀竞价能够实现媒体与广告主之间的新的平衡。对于媒体而言,一方面通过建立自己的私有交易市场,售卖剩余流量,保证了媒体收益;另一方面通过设置白名单(邀请特定的媒体参加)、黑名单(剔除某些媒体参加)的方式,能够对广告主、广告素材拥有较大的选择权,控制了流量售卖的规则,绿化了媒体环境。而对于广告主,受邀竞价较之以往传统广告购买的透明度增加,不仅仅能够有机会在大型的优质媒体上投放广告,而且使用算法、大数据等技术,广告匹配度也在增加,可以说既提升了品牌形象、知名度,也促进了产品销量。

3. 首选交易(Unreserved Fixed Rate)

在图 3－1 中位于第Ⅱ象限的图饼代表着"首选交易",英文名又称"Unreserved Fixed Rate""Preferred Deals""Private Access""First Right of Refusal""First Look"等,是 4 种交易类型中拥有第二优先级的交易类型。与前面的两种不同,首选交易类似传统广告,是单个买家对单个卖家的交易,交易双方会根据某些具体条件(例如:资源质量保证)订立一个固定交易价格(如每千人成本价格)。此后,买家就拥有了"First Look"的权利,即媒体资源在进入到公开的 RTB(实时竞价)市场"资源池"交易之前,买家能够优先选择是否购买流量。如果该广告展示机会与买家的目标消费者特征匹配,符合买家对时间、地域、人群属性等的要求,则可以进行优先购买。然而由于广告主的出价无法达到"绝对保障"的程度,因而这个交易是在"保价不保量"的前提下进行的,这也就意味着有的时候广告主以固定的价格有可能买不到想要的广告资源。

与 RTB(实时竞价)公开的广告竞价市场相比,首选交易的价格固定,其价格往往比 RTB(实时竞价)广告的成交价格要高,但是却使得广告主在没有竞争对手的情况下进行交易,保证了交易的成功率。

4. 私有程序化购买(Automated Guaranteed)

位于图3-1左下角的第一象限是最具有“特殊性”的程序化广告,因为它既不竞价,也不开放流量,是最“不像”程序化广告的程序化广告。我们称之为“私有程序化购买”是对其英文原称的“意译”,其英文表达有多种方式,如“Automated Guaranteed”“Programmatic Guaranteed”或者“PDB(Programmatic Direct Buying)”“PPB(Programmatic Premium Buying)。其中前两种叫法在英美国家较为通用,而我国则更多使用PDB或者PPB。究其原因在于,欧美国家在劳动力价格较高的情况下更注重这一交易类型“自动化”的特点,强调这种广告购买方式减少了中间环节,在降低成本的同时也提高了效率。在国内,人力的节省并不是其核心要点,因此,业界更愿意用PDB、PPB来凸显该程序化购买类型能够允许广告主直接购买优质资源并进行程序化投放的优势,PDB、PPB既表明了程序化的特征,又能通过特定的价格提供广告主“定制化”的服务。因此国内著名DSP公司品友互动根据这样的特征将其称为“私有程序化购买”。

名如其实,“私有程序化购买”最大的特征是“私有”和“程序化”。从“私有”的角度看,这种广告购买的类型与传统广告最为相似,交易双方可以就库存流量和价格进行协商,进而达成固定的价格和流量质量协议。所以“私有程序化购买”是4种程序化交易类型中优先级最高的一类,媒体总是将最优质的流量优先放入“私有程序化购买”的交易池中,只有在满足了其交易需求之后,剩余流量才会流入到其他交易的市场。相对而言,直接购买享有的媒体资源和库存流量质量最高,因而购买价格也最高。与传统人力购买不同的是,直接购买的执行过程具有自动化和程序化的特征。因此,“私有程序化购买”有介于RTB(实时竞价)与传统购买之间的独特优势。一方面确保了购买流量的质量,广告主能够买到自己理想中的高质量媒体资源,而无须过多担心广告投放环境,确保了品牌安全;另一方面,程序化直接购买能够运用算法、大数据等技术优化广告投放效果,较之传统的购买方式,流量购买的效率大幅提高。

与其他程序化购买相比,“私有程序化购买”往往更适合于大品牌广告主,其旗下可能拥有多个子品牌和产品线,这些品牌和产品拥有不同的目标消费群体。“私有程序化购买”对于DSP来说,也需要掌握更高的技术,包括数据能力、建模能力、算法和底层架构。首先,DSP必须有第一方和第三方数据源和强大的数据分析、建模能力,结合起来才能为广告主建立一个专属的人群模型;其次,投放管理,判断单个受众的属性,推送个性化广告。① DSP需围绕单个消费者的属性和需求推送差异化广告,挖掘每个消费者的多重价值,提高广告主和消费者之间互动的深度和力度。

案例3-1:品友互动通用PDB项目

2014年3月,DSP公司品友互动与上海通用合作,共同推出国内程序化购买行业里首个PDB项目,即上海通用PDB项目。该项目采用私有程序化购买的方式为通用汽车品牌投放广告,日均管理流量接近一个亿,覆盖了包括PC、移动终端在内的全媒体类型,例如APP端今日头条、网易,WAP端汽车之家、3G门户,视频端优酷土豆,PC端太平洋汽车网、易车网等。

(1)上海通用与PDB模式的互相成就

上海通用为何选择PDB?这一方面来源于上海通用敏锐地捕捉到了程序化购买的趋势,另一方面也在于上海通用这样的广告主与PDB模式的契合,两者相辅相成,能够发挥出PDB广告最大的优势。

对于行业内习惯购买固定位广告的大品牌广告主而言,不仅仅关注广告的投放效果,更重要的是保证品牌安全。从这一点上看,PDB延续了固定广告位的购买方式,广告主能够自由采购媒体并且仍在传统“广告排期”的设置下投放,广告投放的可控性高。同时PDB又采用程序化方式优化,不断提高投放效果,挖掘广告的最大价值。这也是上海通用选择PDB方式投放的最重要原因。

---

① 《PDB浪潮来袭,谁是弄潮儿?》,http://www.wtoutiao.com/a/1057854.html,2014年12月28日

从PDB模式的服务对象来看,上海通用符合了PDB适用于大品牌广告主的特征。上海通用有足够的资金预算,能够购买多个固定位广告,DSP能够根据不同广告位的特点匹配相应的广告。上海通用旗下有别克、雪佛兰、凯迪拉克三大品牌,每个品牌之下又有不同的生产线,如别克包含了君越、君威、GT、GL8等系列车型,雪佛兰包含了迈锐宝、科帕奇、科鲁兹、爱唯欧、赛欧等车型,凯迪拉克也拥有6款产品23种车型。而各通用旗下子品牌的目标消费人群差异较大,凯迪拉克针对的是高端成功人士,雪佛兰则为年轻人群和家庭所喜爱,别克旗下既有适合商务白领的车型,也有高档豪华轿车以及政府用车等。差异化的品牌要求DSP能够根据品牌目标人群的特征建立各自专属的人群数据库及算法,根据各款车型目标消费者的不同进行精准的广告推送。

除了目标消费者的不同,上海通用PDB项目下各子项目的投放目的也有所不同,有些子项目只是为了扩大品牌知名度,覆盖更广泛的人群。而有些项目则是为了配合线下活动,促进销量……这些要求意味着,上海通用的广告投放是一个多品牌、多诉求、具有高度复杂性的"一揽子"工程,这就要求DSP高度智能化,根据具体情况制定不同的投放计划。

此外,通用对于每款车型的广告预算也不是等同的,DSP在实际广告投放时广告预算也将成为考虑的重点,预算较少的车型则计划较少投放量,严格地按照广告主的要求把控成本。

多类型的广告位、多元的目标消费者、多诉求的投放目的、不同量级的预算,使得DSP拥有很大的优化空间,通过机器和人工互相配合的方式,为广告主寻找最合适的投放方案。

(2)上海通用PDB是如何进行优化的

在广告投放前期,首先需要算法组为项目设计算法模型,包括多个算法策略的建立和运用。比如人群算法的建立,上海通用与品友互动在上线筹备会议上曾多次探讨该项目的目标消费者可能拥有哪些特质,最终确定"汽车""白领""金融""时尚"等多个标签,作为人群算法设置的基础;访客找回策略的建立,举例来说当某一用户是点击过别克车型广告的用户,那么下一次该用户再浏览网页时,则会优先展示别克的广告物料,而不是雪佛兰、凯迪拉克的广告物料,当然访客找回也有一定的频次控制,当该用户的浏览量达到频次上限时,则会停止或减少对该物料的推送;打底策略的建立,顾名思义,当某一个用户并不符合汽车广告目标人群的特征,但由于是固定位的购买,广告不能开天窗,仍需要有物料展示的时候,打底策略开始起作用。它让预算较多、目前计划目标完成情况较好的车型作为打底,从而不影响整体上通用项目 KPI 的实现。

依靠前期算法模型的建立,上海通用项目在上线之初就取得了较大的成功,各车型设置的 CPL(Cost Per Leads,按注册成功数付费)目标基本都能实现。但是并不是所有的项目都进展的如此顺利,"雪佛兰母品牌"项目的表现就差强人意,引起了上海通用 PDB 项目团队的担忧。

为何"雪佛兰母品牌"的 CPL 要远高于其他项目呢?上海通用项目团队对此进行了分析,首先"母品牌"是针对整个雪佛兰品牌的综合项目,并未明确推广哪一款车型。这意味着它的转化很容易被具体推广雪佛兰某一款车的项目分流。比如某一用户被雪佛兰母品牌的广告吸引,但最终并没有在雪佛兰母品牌的广告页面进行预约试驾,而是去了雪佛兰旗下某一款具体车型的广告页面预约试驾。"母品牌"综合的性质意味着它的投放效果本身就远不如其他具体车型。

表 3-1:上海通用各车型在 PC 端某网站 CPL 的比较

车型	CPL
爱唯欧	¥ 616.49
创酷	¥ 538.17
凯迪拉克 SRX	¥ 721.05
雪佛兰母品牌	¥ 1,108.56

其次,上海通用项目团队分析了"雪佛兰母品牌"的到达页面,母品

牌的预约试驾需要用户点击后，再次跳转进下一页面才能填写（其他车型则可直接在到达页面填写），且预约试驾的按钮较小、靠边，不容易引起用户注意。

图3－2："雪佛兰母品牌"的到达页面

此外，上海通用项目团队将"雪佛兰母品牌"在各网站的曝光量与CPL之间进行了比较，发现CPL较低的网站A并没有获得较大程度的曝光。而CPL较高的网站F曝光量则较大。换句话说，就是投放效果较好的网站，投放量较小。而投放效果较差的网站，却进行了大规模的投放，这怎能不影响"雪佛兰母品牌"整体CPL的完成。

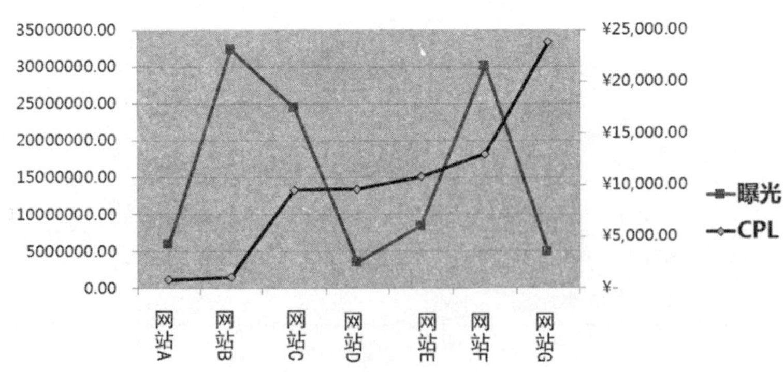

图3－3："雪佛兰母品牌"在各网站的曝光量与CPL对比图

根据以上对“雪佛兰母品牌”症结的分析,项目团队一方面调整了各网站的投放策略,加大在高转化媒体的投放量;另一方面优化了到达页面,为用户注册预约试驾提供了更多的方便。经过一段时间的观察后,发现“雪佛兰母品牌”的CPL大幅降低。

通过“雪佛兰母品牌”的例子可以看到,PDB项目想要达到较好的投放效果,不仅仅需要算法策略的支持,也需要在分析、总结投放经验的基础上,人工对项目进行干预和优化。人工优化除了“母品牌”案例中展示的人群优化(通过几个月的积累,DSP获取了更多的用户和投放数据,品牌的专属人群数据库将更加科学)、广告位的优化(发现某款车型在某个广告位上的广告总是比其他车型的投放效果要更好)、到达页面优化外,还包括创意物料的优化(同一车型的多款物料中,某款物料总是比其他物料的点击率要更高)、算法优化(对于某款车型,使用某种算法要比其他算法的效果好)等等。

随着时间的推移,机器算法积累了一定的投放数据,将更加科学、精准。人工也在不断分析总结的过程中,积累了丰厚的投放经验。因此,PDB项目的投放是一个动态优化的过程,投放的时间越长,项目团队的优化能力也将越强。

(3)同等的预算,不同的广告效果

PDB模式投放由于广告位的价格由广告主与媒体提前协商议定,因此总是以固定的CPM(按显示次数计费)与媒体进行结算。但在广告主与负责投放广告的DSP之间,广告主往往给DSP设定了需要达到的CPL指标。举个例子,上海通用公司可能会要求品友互动投放团队,对于爱唯欧这款车型要达到950元的CPL,对于凯迪拉克这款车型需要得到1100元的CPL,不同的车型有不同的CPL目标。上海通用汽车公司雇用了第三方监测机构秒针对投放效果进行测量,每周给品友互动投放团队发来一次反馈,当监测结果中的CPL高于目标CPL时,品友互动投放团队则将及时调整算法或者加大人工干预,以最终在项目结项时实现目标。在这些指标的压力下,上海通用汽车的 PDB 广告得到了不断的优化。

与传统按 CPM 购买广告位之后,根据预定的广告排期投放,对广告“不闻不问”的方式相比,PDB 广告在同等的广告预算下,广告的质量却大幅度提高。从实际的投放效果来看,上海通用汽车 PDB 项目通过品友互动 DSP 的优化,无论是广告的到达率、点击率还是转化率都得到了很大的提升。2014 年,该项目为上海通用汽车有限公司赢得了 2014 年中国广告长城奖营销传播金奖,足以表明行业对于该项目的认可和鼓励。

由于结合了程序化广告和传统广告“定制”的特点,美国的多家市场分析机构(如 eMarketer、IDC 等)在最近发布的研究中都对“私有程序化购买”的市场前景有良好的预估。根据 eMarketer 的预测,在 2016 年超过 80 亿美元的互联网广告将通过“私有程序化购买”完成。而根据艾瑞咨询《2013 年中国 DSP 行业发展报告》的预测,到 2016 年中国“私有程序化购买”在第三方 DSP 广告购买方式的占比将达到 69.1%。

表 3-2:程序化购买广告类型比较①

程序化购买类型	库存流量	出价方式	参与方	优先级
私有程序化购买(Automated Guaranteed)	固定	定价	单个卖家-单个买家	最高
首选交易(Unreserved Fixed Rate)	不固定	定价	单个卖家-单个买家	高
受邀竞价(Invitation-Only Auction)	不固定	竞价	单个卖家-少数买家	低
公开竞价(Open Auction)	不固定	竞价	单个卖家-多个买家	最低

① IAB, Programmatic and automation - the publisher' perspective, http://www.ipinyou.com.cn/upload/file/admin/3090070770195134.pdf, 2015 年 3 月 25 日

根据表3－2,无论是“公开交易”还是“私有程序化购买”都具有各自的特点和优势,适合于不同需求的广告主。选择“私有程序化购买”的广告主,更加看重的是品牌的美誉度和知名度,在保证广告投放于优质媒体资源之上的同时,提升广告投放的效率和质量。选择公开竞价购买的广告主,则可能更注重投放效率,灵活地购买广告,达到更高的投资回报。从目前的发展来看,对于程序化购买,小品牌广告主往往选择公开竞价的购买方式,而大品牌广告主则越来越倾向于组合式的购买,即“私有程序化购买”与“公开竞价”相结合。此前提到的上海通用项目就是在直接购买的基础上,又在公开市场进行交易。

二、程序化购买产业链流程

不同的程序化购买类型其产业链流程也有所不同。

私有程序化购买(Automated Guaranteed)与传统广告购买最为相似,在不改变原有广告产业链的基础上,增加了DSP、DMP等新的参与主体。广告主直接通过DSP与媒体协商广告价格等事宜,由DSP负责广告投放管理,DSP运用算法技术进行实时优化,在优化的过程中可能借助DMP的用户数据、DCOP的创意等。因此,直接购买甚至无须广告交易平台的参与就能完成。

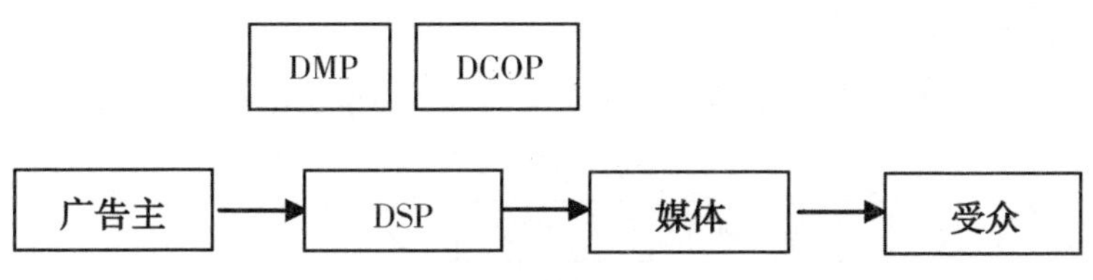

图3－4:私有程序化购买广告产业链

首选交易(Unreserved Fixcd Rate)的产业链与私有程序化购买相比略有不同,广告主虽与媒体确定了广告位和广告价格,但却并不保证广告的投放量,只有当媒体有剩余流量且广告主同意购买的情况下,广告交易才得以进行。由于投放时间无法确定,因此双方通常以 CPM(Cost Per One Thousand Impressions,千人成本)或者 CPC(Cost Per Click 每点击成本)结算。首选交易的产业链条中,除了 DSP、DMP 等新增的参与主体外,也有广告交易平台尝试提供首选交易服务,广告主可以在广告交易平台上寻找支持首选交易的媒体。

受邀竞价(Invitation - Only Auction)与 RTB(实时竞价)广告的产业链基本相同,是对传统广告购买产业链的较大颠覆。媒体不直接与广告主接触,而是将自己的库存流量放到 SSP 上进行管理。同时,SSP 与广告交易平台对接,曝光产生后 SSP 将向广告交易平台(或广告网络平台)发送出价请求,广告交易平台(或广告网络平台)收到出价请求后,询问与其对接的 DSP 是否参与竞价,DSP 根据 DMP、DCOP、广告认证平台给出的数据信息,替广告主决定出价并提交。广告交易平台(或广告网络平台)选出出价最高者,获得展示广告的机会,并将信息再传递给 SSP,最终价高者的广告将展现在媒体上,展示给该用户,这个过程仅在短短的 100 毫秒内完成。

在这条产业链上,受邀竞价与 RTB(实时竞价)广告最大的不同在于,RTB(实时竞价)在一个完全公开的交易市场上进行,而受邀竞价则是一个较为封闭的交易市场,媒体通过白名单/黑名单的方式筛选广告主,只有符合条件的广告主才有资格参与竞价。受邀竞价与 RTB(实时竞价)广告通过"竞价"的方式,完成广告资源的市场化配置。

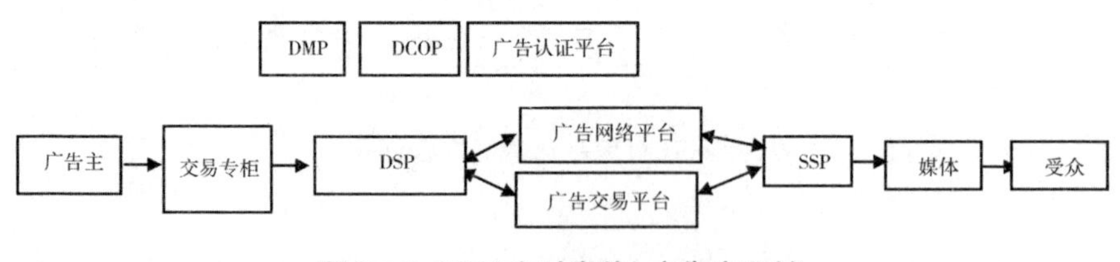

图 3 - 5:RTB(实时竞价)广告产业链

需要注意的是,图 3 - 5 是一个较为完整的 RTB(实时竞价)广告产业链流程图。在 RTB 市场发展较早的美国已形成了完整的广告产业链,但是在国内 RTB(实时竞价)广告产业虽形成基本的链条,但还未发展成熟,SSP、DMP 环节往往是缺失的,媒体可以直接与广告交易平台对接,而 DSP 在整个产业链里的作用较大,承担了 DMP、DCOP 等的部分职能。因此实际的 RTB(实时竞价)广告产业链可能较图 3-5 更加简化。此外,RTB(实时竞价)广告的实际投放环境将更加复杂。广告主往往不只委托一家 DSP 进行 RTB(实时竞价)广告投放,多家 DSP 在互不沟通的情况下为同一广告主服务,就会造成自我竞价的问题,其结果是竞价交易更加激烈,成交价格也相应提高。多家 DSP 如果使用的是同样的人群标记,而未进行技术区分,营销上可能造成互相干扰,最后难以对各家 DSP 的投放效果进行评估。

以上问题的出现,都是由于产业链上的各主体之间沟通不畅造成的。一个资源合理配置、高效运作的 RTB(实时竞价)广告产业链,需要产业链上的各方主体相互沟通,加强合作。同时也需要行业监管协会的出现,能够有效监督各方主体,防止恶性竞争等行业危害。

三、程序化购买对广告产业链的革新

1. 广告业由粗放式投放向专业化、精细化经营方向发展。相较于传统广告模式,程序化购买广告促使广告产业链大幅度延长,催生了包括 DSP、SSP、广告交易平台、DMP 等在内的多个新的产业链主体,产业链上各环节的分工也更加细致。广告公司原本只是单纯的承担广告代理、媒介购买业务、创意业务等,如今产业链上出现了业务类型各异的广告公司,比如数据分析公司、数据管理公司、广告交易平台公司、第三方数据监测公司等等。正是这些广告公司的存在,推动了广告业由粗放式投放向专业化、精细化经营方向发展,广告投放效果越来越精准,广告的价值得到更充分的挖掘。

2. 媒体地位弱化,技术型广告公司在产业链中扮演主导角色。传统广告时代,媒体资源的优劣决定了广告投放的效果,因此媒体在整个广告产业链中占据主导地位。程序性广告的出现,使得技术成为驱动广告产业链发展的核心因素。技术型的广告公司能够通过技术和数据为广告主找到目标消费者,实现精准的广告投放。因此,媒体的地位逐渐弱化,拥有技术的广告公司则在产业链上扮演着重要的甚至可以说是主导的角色。

3. 用户成为整个产业链共同关注的中心。旧有的广告模式下,用户是一个群体,一个相对模糊的对象。广告主通过大致了解某家媒体的刊载内容,推测其用户是哪类人群,可能与自己的目标消费者相符,然后决定购买。因为难以获得精准的用户数据,媒体内容、影响力等成为产业链关注的中心。而在程序化购买模式下,媒体需要深入地了解自己的用户才能让流量卖出更好的价格,DMP 的核心业务就是对用户数据做全方位的深入分析,DSP 需要根据用户价值决定出多少价格购买,用户成为整个广告产业链共同关注的焦点。

4. 经营方式、盈利模式转型。在互联网广告未出现之前,只能根据媒体的收视率、覆盖率来间接衡量广告投放效果,广告主因此更加关注的是广告对品牌推广、品牌维护的作用。而以 RTB(实时竞价)为代表的互联网广告出现后,通过点击率、到达率、转化率等数据的统计,广告投放效果变得量化、透明,广告主也开始更加关注实际的投资回报率,绩效导向指标成为广告业绩的主要考核标准。

第三节　程序化购买的运作流程和运作机制

一、程序化购买的运作流程

私有程序化购买与传统广告购买的运作流程十分类似,广告主直接与媒体接触,购买固定位广告进行投放。广告主在与媒体确定好广告排期后将通知 DSP,DSP 通过与媒体的技术对接,按照广告排期的规定托管相应的广告位。在这个流程中,变化最大的是广告位的管理权。[1] 过去是媒体代表广告主完成管理,现在则是广告主委托 DSP 管理,而且是通过由 DSP 确定的广告展示规则与技术进行的实时管理。变化最小的则是广告投放的操作流程。几乎所有的过程都与传统的做法相似,只是在其中增加了将排期通知 DSP,以及 DSP 托管广告位两个环节。

首选交易的广告购买流程也与传统广告购买流程类似,广告主与媒体事先确定好某个固定位的广告价格,但是却没有广告排期,因为广告的流量是非固定的。在直接购买流量充足的情况下,某一用户访问该网站,网站决定以首选交易的方式售卖广告,于是通知 SSP,SSP 收到通知后,向广告交易平台发出交易请求并提供 URL、用户 ID 等信息;广告交易平台收到通知后询问广告主委托的 DSP 是否购买,DSP 结合广告交易平台发来的相关信息及自身的人群数据库分析用户,确定该用户是自己的目标人群后可以接受购买请求,反之则拒绝。

受邀竞价以及公开竞价的运作流程几乎是相同的,一个用户访问一家网站,网站决定将一个广告位以 RTB(实时竞价)的方式售卖,于是通知 SSP 提供 RTB(实时竞价)服务;SSP 收到通知后,向广告交易平台发出交易请求并提供关于 URL、广告位、用户 ID 等信息;广告交易平台相继组织 DSP 竞价,向多家 DSP 发出交易请求;DSP 服务器收到广告交易平台发出的交易请求后,将相关数据传递给竞价引擎;竞价引擎接着将用户 ID 传送给用户与广告主数据库,查看用户是否是广告主的目标人群;竞价引擎接收到用户数据,并决定是否参与竞价及竞标价格;竞价引擎生成竞价后,将信息(包括竞拍价格、广告信息)传递给 DSP 服务器;DSP 服务器将信息传递给广告交易平台;广告交易平台在接收到所有 DSP 服务器的响应或者截止期限到达后进行竞拍。(广告交易平台的截止期限是

---

① 宋星,《PMP 私有交易市场——程序化广告的新高度》,http://blog.sina.com.cn/s/blog_12f3080070102v32n.html,2015 年 2 月 12 日

100ms,是广告交易平台发送竞价请求与接收 DSP 出价响应的时间差。)出价最高者获得曝光机会;广告交易平台通知 SSP 获胜者及成交价格;SSP 又将信息传递给媒体;最终用户在该广告位上看到展示广告。①

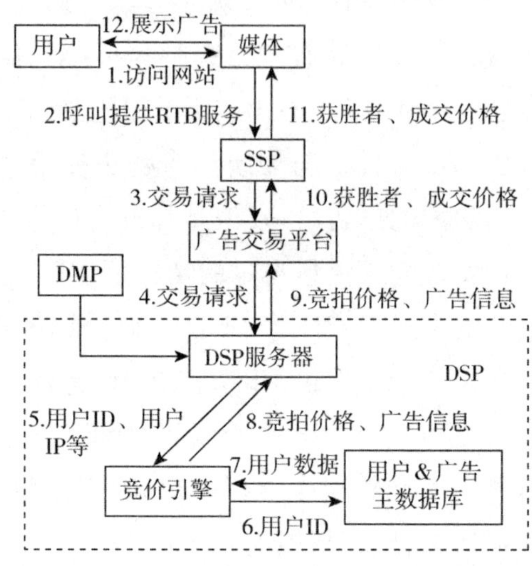

图 3-6:RTB(实时竞价)广告运作流程

二、程序化购买广告的运作机制

1. 程序化购买的优先级

程序化购买的流量资源优先级是不同的,私有程序化购买的优先级最高,在满足私有程序化购买的基础上剩余的流量将用于首选交易,首选交易后的剩余流量,再用于受邀竞价和公开竞价等方式的交易上。

① 《RTB 广告展示分步说明》,http://contest. ipinyou. com/cn/manual. shtml,2014 年 2 月 10 日

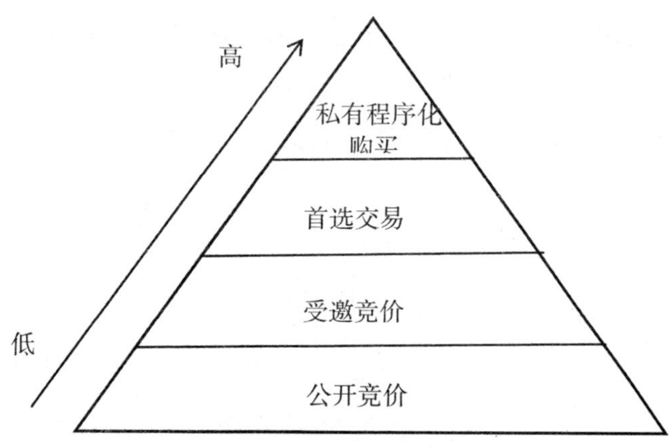

图 3－7：程序化购买广告的优先级

广告交易平台平台如何区分 RTB(实时竞价)广告和程序化优选购买的不同,从而给予不同的优先级?最简单的形式是通过设置白名单和价格底线(Price Floors)来区分公开市场交易与其他类型的交易。但是由于功能的局限,广告交易平台一般不能够支持私有程序化购买。于是多家交易平台开始引入 Deal ID,通过 Deal ID 来辨别不同的广告交易。

什么是 Deal ID? Deal ID 已经成为国外程序化购买领域的新流行语,主要用于程序优选购买中。Deal ID 是一个独特的代码,用于辨别买卖双方此前协商的交易信息。Deal ID 传递的内容要素通常包括 URL、IP 地址、Cookie 信息等等,但这些内容要素并不固定。由买卖双方协议决定包含的要素信息,要素的选取依据双方正在使用什么样的广告平台,会考虑到优先权、透明度、价格底线及数据等因素。① Deal ID 通常在广告交易的执行平台(比如 SSP、广告交易平台)上产生,用于竞价请求和竞价回应的过程中。

Deal ID 的出现为买卖双方都带来了极大的便利。对于买方而言,竞价请求中包含的 Deal ID 能够使买方辨别出是此前已有广告协议的卖

① IAB, programmatic and automation – the publishers' perspective, http://www.iab.net/media/file/IAB_Digital_Simplified_Programmatic_Sept_2013.pdf,2015 年 5 月 20 日

方,从而按照约定的广告协议进行交易。而对于卖方而言,通过 Deal ID 能够追踪流量的使用情况,从而实时提供给买方剩余流量的信息。Deal ID 尤其适合于拥有不同库存类型的媒体,能够区分出不同的售卖价格和售卖策略。

2. 用户人群数据库的建立

程序化购买最显著的特点即从购买"广告位"的时代演进到购买"人群"的时代,因此建立用户人群数据库,是实现程序化购买的基础。为了替广告主锁定目标人群进行精准的广告投放,DSP 会建立用户数据库,追踪用户行为。用户数据库的建立需处理好两个问题:如何获取用户数据、如何管理用户数据。管理用户数据包括对数据的标准化和分类等问题。

用户数据的获取基于对 Cookie 的收集。通俗的说 Cookie 是服务器暂时存储在用户电脑里的资料,能够记录用户在网上的浏览行为及浏览状态。用户数据库里的 Cookie 越多,则能够存储规模越庞大的目标人群。DSP 通过多种方式获得 Cookie。比如在广告主的网站上埋点(即放上一个 1x1 的不可见像素),当用户第一次访问广告主网站时,DSP 就会获得一个 Cookie,从而追踪该用户在广告主网站上的行为。除此之外,DSP 通常还会和第三方的网站(如腾讯、百度)合作,或者向 DMP 购买网民数据,以获取更多的 Cookie 信息。由于用户的行为处于不断变化中,因此用户数据库也是一个不断更新的系统。

此外,Cookie 不能跨域名、跨浏览器读写,这意味着同一用户的 Cookie 在广告主网站、第三方网站以及 DMP 上是不同的,用户数据库需利用 Cookie Mapping 技术,将用户数据标准化,使每个用户拥有一个统一的 ID 标识。

对用户数据的分类,包括人群属性、地域、兴趣爱好、购买倾向等多个维度。用户数据库会根据这些维度,为每一个用户(Cookie)打上多个人群标签。比如一个 Cookie 的人群标签可能包含"男""30—40 岁""北京""爱好运动""汽车"等等。在广告投放前,DSP 根据每个广告主需求的不同(比如行业状况、预算情况等),划分不同的维度,建立专属的广告主人群数据库。

3. 竞价机制

竞价机制是 RTB(实时竞价)广告所独有的运行机制。RTB 广告被称为实时竞价广告,其一大特点就是广告价格由协议定价转为实时拍卖产生。RTB(实时竞价)广告拍卖采用第二价格密封拍卖机制,又称维克多拍卖。由经济学家威廉·维克多提出,在这种拍卖机制下,广告主作为竞价者,同样以密封的方式独立出价,广告展示机会将出售给出价最高的投标者,但是,获胜者只需支付所有投标价格中的第二高价。采用这种竞价机制的优势是能够使 RTB(实时竞价)广告的成交价最接近于它的实际估价。因为在第二价格密封拍卖中,当一个投标人获胜时,他最后支付的成交价格独立于其出价。当出价低于估价时,将减少投标者赢得商品的概率;而高于估价,虽然可以提高投标者赢的概率,但他获得了一场无利润的交易。①

然而实际的 RTB(实时竞价)广告拍卖过程更加复杂。媒体方或代表媒体方的 SSP 在交易中会设定一个硬性底价(Hard Floor),这个硬性底价根据以往传统库存流量的售卖价格而定,当各家 DSP 中的最高价仍低于硬性底价时,媒体将会拒绝出售。

在国外的实践运作中,除了硬性底价之外,媒体或者 SSP 往往还会设定一个软性底价(Soft Floor),软性底价一般高于硬性底价,使得原本由第二高价作为成交价,可能转变为以软性底价或者是第一高价成交(见图 3-8)。例如媒体设置硬性底价为 CPM0.5 元,软性底价为 CPM1.0 元,若有两个 DSP 买家分别出价 CPM1.5 元及 CPM0.8 元,则以 CPM1.5 元的买家以 CPM1.0 元的价格竞得;若只有 CPM0.8 元一个竞价,则以 CPM0.8 元的第一价格结算。软性底价解决了媒体不想贱卖媒体曝光但

① 吕惠娟,《略论第二价格拍卖机制》,《当代经济》,2007 年第 5 期

又担忧由于硬性底价太高而流拍的两难境地。总的来说,国外 RTB(实时竞价)广告交易中,有 40% 的曝光是以第一价格作为成交价的,这些曝光占到整体花费的 55.4%①。

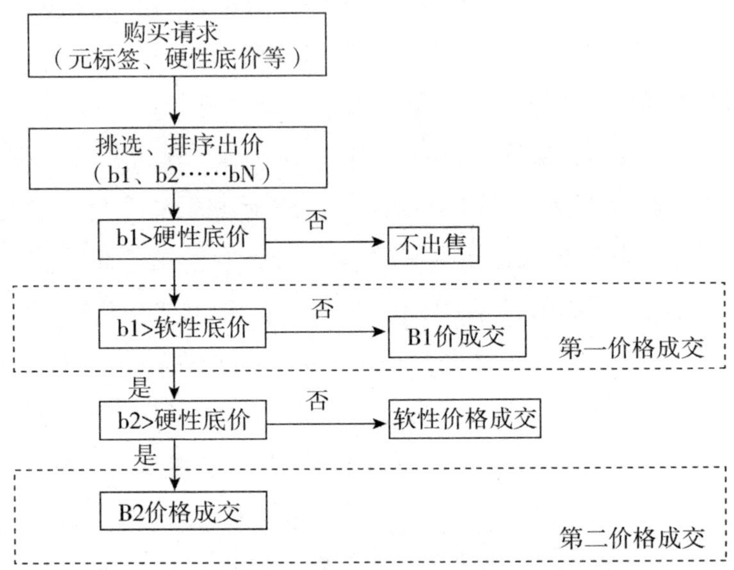

图 3-8:RTB(**实时竞价**)**广告价格成交机制**

4. DSP 出价机制

DSP 是如何决定出价的?此前,我们提到 DSP 会建立用户专属的人群数据库,DSP 根据人群标签与广告的关联程度将目标人群划分为核心人群、强相关人群、辐射人群,给予基础的估价,实时交易过程中,以这一估价为基础再进行适当调整。举例来说,一个汽车行业的广告,其核心人群可能只是拥有“汽车”人群标签,强相关人群则扩展到带有“财经金融”人群标签,辐射人群则可能包含“娱乐”“军事”“科技”等等。在实时竞价过程中,核心人群的基础估价要高于强相关人群,依此类推。

① Shuai Yuan,Jun Wang and Xiaoxue Zhao,*Real time bidding for online advertising :measurement and analysis*, ADKDD 13 workshop ,2013. 6

除根据人群划分做出基础价格外,实际的 DSP 出价机制更为复杂。广告交易平台将广告位、用户数据传递给 DSP,而 DSP 则要在短短 100ms 内做出出价决定,超过时间 DSP 没有响应,则被广告交易平台默认为放弃竞价。DSP 需要建立每一个广告项目的最优出价模型,用算法来快速完成出价。

最优出价模型,以基础价格为基础,还会考虑到多重影响因子。基础价格主要考虑的是该用户适不适合广告主的项目,而一个合理的价格还需考虑广告位是否合适、广告主的预算、KPI 的完成情况,预测竞争对手的竞价情况以及项目投放期内将出现多少曝光等,甚至广告的投放时间、天气、投放用户的使用设备等等。这个最优出价模型也非一成不变,而是根据前期的投放情况不断进行调整,达到最优效果。DSP 的出价能力决定了 RTB(实时竞价)广告的投放效果,展现了 DSP 的核心竞争力。

值得注意的是除了外部竞价外,RTB(实时竞价)广告投放还存在 DSP 内部竞价的问题。一个 DSP 往往会承接多个广告主的广告项目,一次曝光可能适用内部的多个项目,选择哪个项目曝光,DSP 内部也在进行竞价。内部竞价通常存在两种规则,一种是根据广告项目的预算情况,当一个项目达到每日、每周或者是每月的预算上限后,则不再参与竞价。另一种是广告项目的曝光上限,为了避免用户对广告产生厌烦心理,如果一个用户已经观看过多次该项目的广告,则停止对这一用户的投放。除此之外,DSP 内剩余的项目仍会根据最优出价模型得出价格,同样出价最高者在内部竞争中获胜。

5. 审核机制

程序化购买广告同样需遵守《中华人民共和国广告法》相关规定以及广告交易平台对各行业的特殊要求。对程序化购买广告的审核主要包括广告主资质的审核和广告物料的审核。

RTB(实时竞价)广告虽为实时竞价展示,但是在广告投放前,DSP 需将广告主的相关资质提交到广告交易平台进行审核,一般行业的广告主需提交营业执照、法人身份证、ICP 备案，对于医疗、食品、烟草、酒精饮料、化妆品等特殊行业则需要提供更多的资质证明。此外，根据相关法律法规还有一些禁投行业，如违法产品类、枪支弹药、危险武器、易燃易爆、有毒化学品、毒品、特殊药品类等行业。

对于程序化购买广告物料的审核，也由 DSP 提交给广告交易平台提前审核。广告交易平台 需要审核物料的尺寸、颜色、内容、关键字等。各广告交易平台所支持的物料尺寸不同，因此 DSP 需要按标准制作物料尺寸。同时对于物料的颜色也有相关规定，比如物料必须有背景色，背景色若为纯色，则需要添加与背景色反差较大的边框。对于内容、关键字的审核则根据我国相关法律法规的规定，如不能虚假、诱导和夸大，不能贬低其他商品和服务，不能包含某些国家元素等。

在缺乏相关行业协会和监督机构的情况下，广告交易平台对于程序化购买广告的审核保证了广告行业合法合规地健康运行。

第四章

方法与技术:如何找到大数据时代的消费者

如同狄更斯在小说《双城记》的开头所描写的那样,“这是最好的时代,这是最坏的时代”。对于当今大多数的广告主、广告公司、营销从业者而言,感受大抵如此。

广告只有将信息传递给产品的目标消费者,才真正具有价值。因此,如何找到目标消费者、洞悉消费者需求成为广告主需要解决的首要问题。媒介渠道日益多样化,消费者变得更加分散、碎片化,在海量的媒介资源里,寻找目标消费者,就如同海底捞针。而更糟糕的是,消费者变得越来越难以琢磨,其消费行为变得更加复杂:搜索、分享、评论、社交交织在一起,使得消费者行为受到多方面的影响,单一的广告已经很难促成消费。同时,消费者也更加难以取悦,追求个性化、定制化,使得千篇一律的广告往往被消费者忽视。

在传统的广告公司、营销从业者面对这样的变化感到束手无策的同时,依靠数据和技术起家的精准型公司却迎来了黄金时代。

第一节　大数据时代的消费者

一、消费者行为理论模型的新进展

消费者研究(Consumer Research)狭义上也称消费者行为研究(Consumer Behavior Research)。对消费者行为的研究,在亚当·斯密(Adam Smith)等的古典经济学理论中已初见端倪;在马歇尔(Alfred Marshall)等的新古典经济学中形成了初步的体系。早期的消费者行为研究仅仅是经济学、营销学的分支,在20世纪50-60年代,消费者行为学以一门独立学科的形式从营销中分离出来。① 随着市场经济制度的最终确立,在供大于求的关系下,消费者处于整个市场营销体系的核心,对消费者行为的研究日益得到重视。

经过长期的发展,消费者行为研究出现了许多经典的分析框架。1898年,美国学者路易斯(E. S. Lewis)提出了著名的AIDA原则,认为消费者的购买行为要经历注意(Attention)—兴趣(Interest)—欲望(Desire)—行动(Action)4个阶段的发展。此后,学者爱德华(Edward. K. Strong Jr)在AIDA原则的基础上,增加了"记忆(Memory)"阶段,提出AIDMA模式。

随着互联网的普及、应用,消费者担当起信息接受者和发布者的双重角色,与此同时消费者的购买行为也发生了极大的转变,日本电通公司在2005年提出了AISAS模式,即注意(Attention)—兴趣(Interest)—搜索(Search)—行动(Action)—分享(Share)5个阶段,强调了消费者"搜索"和"分享"两种行为,体现了消费者的能动性。② 2011年,电通又提出了SIPS模型,重新划分了4个阶段:共鸣(Sympathize)—确认(Identify)—参与(Participate)—共享与扩散(Share & Spread)。该模型预示着消费者行为研究进入了数字时代深入解剖平台受众行为的阶段,基于数字时代的互联网、移动通信技术的变革,消费者接受信息的渠道和方式发生改变,因此研究需要切换到多点的、非线性的场景之中。③

---

① 杨晓燕,《中国消费者行为研究综述》,《经济经纬》,2013年第1期

② 北京电通网络互动中心,《AISAS模式——重构网络时代的消费者行为模式》,《现代广告》,2007年第2期

③ 陈思,《大数据背景下基于网络整合数据的消费者行为分析》,《新闻传播》2013年第8期

2014 年,电商企业阿里巴巴在对海量电商数据观察和研究的基础上,提出了一种全新的消费者行为模式 G - ALIBA,其核心在于从网络购物消费者“逛”的特点出发,形成看、挑、查、买、享全过程的网状结构。① G - ALIBA 模型与传统的消费者行为模式最大的不同在于其将消费者置于全网的状态下进行分析,改变了以往单链条的分析视角,任何一个点都与另一点连接,消费者碎片化的行为能够还原为全息的景象。

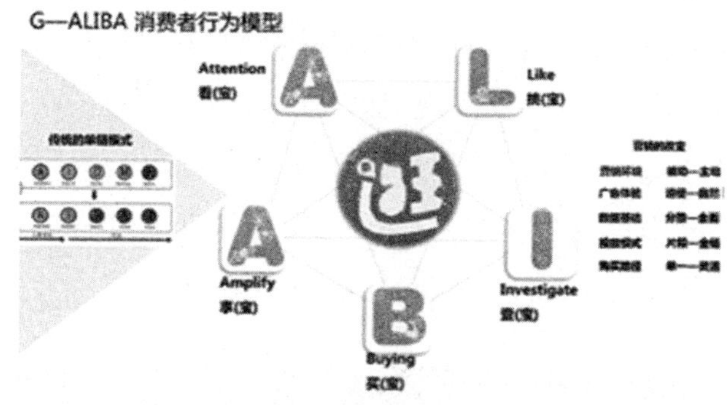

图 4 -1:G - ALIBA 消费者行为模型②

二、消费者行为洞察的新方法

1. 传统消费者研究中的定量研究与定性研究

消费者行为研究方法是指用以分析消费过程中人的心理和行为的特征、成因、过程、结果以及影响等问题的方式或途径。小数据时代,这种研究主要表现为“量”的研究和“质”的研究两个维度。③

“量”的研究即定量研究。问卷调查法是最常见也是使用最广泛的消费者行为定量研究方法。线下的问卷调查包括人员访问法、电话访问

① 《阿里巴巴 G Aliba 消费者行为模型 全息大数据营销研究探索》,http://www.36dsj.com/archives/16260,2015 年 6 月 25 日

② 同上

③ 戴丽娜,《从营销的终点到营销的起点——中国消费者研究起源、演变、规律及趋势》,复旦大学博士论文,2012 年 4 月

法和邮寄访问法，互联网发展和普及后，线上问卷调查得到广泛使用，与传统问卷调查方法相比节省了大量的人力和时间。随着线上问卷调查的发展，衍生出了多种问卷调查类型，包括网页问卷调查、电子邮件问卷调查、弹出式问卷调查等。

观察法也是消费者行为研究的一种重要方法，指在购买和使用的过程中对消费者的行为进行观察。观察法包括人工观察法，即特定的观察员在购物地点或者消费者家中记录、观察消费者；机器观察法，即运用机械或电子设备来记录消费者的行为和对营销刺激的反应。如"注意力 F"现象的发现，正是利用眼动仪来观察消费者观看广告时的眼部反应，以分析消费者的注意力。其分析结果得到了搜索广告数据的印证，即搜索结果中排名靠前的内容更容易受到用户的关注和点击，搜索结果右侧的关键词广告的关注度要远低于左侧的自然搜索结果。

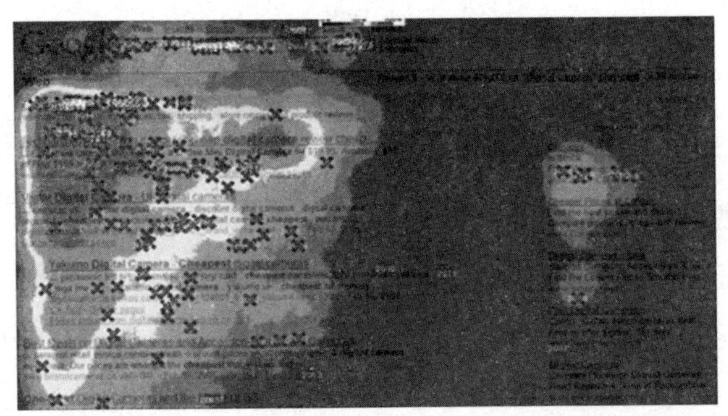

图 4－2：眼动仪对消费者观看 Google 搜索测试结果①

实验法也常用于消费者研究中，指通过控制和改变变量，来分析消费者的态度或行为，包括实验室实验和实地实验。实验室法通过控制其他影响变量，从而分析自变量与因变量的因果关系。但消费者的消费行为

① 冯英健，《用户搜索行为研究：google 搜索结果金三角现象及其意义》，www.marketingman.net，2015 年 6 月 10 日。图中不同的颜色表示用户眼睛焦点在不同的区域的停留时长。

往往是多个变量综合作用的结果,因此实验法把单个或少数变量分离出来进行分析的结论,存在一定的局限性。

“质”的研究即定性研究。访谈法常被用于定性研究中,包括深度访谈和小组访谈。深度访谈通常是指受过培训的访问员与选定的消费者进行一对一的长时间的非结构化的交流。小组访谈则有多人参与(通常为8-10人)。深度访谈耗时量大且样本不一定具有代表性,而小组访谈则往往容易受到群体压力的干扰,产生从众心理。此外,定性研究还包括影射法、民族志法等。

总之,传统消费者行为研究常常采用的问卷调查、深度访谈、实地观察、实验法等定性和定量方式,始终是抽样调查,难以获悉样本的全貌,且耗费的人力多、耗时长,难以做到实时反馈。在瞬息万变的互联网消费情境中,传统的消费者行为研究难以适应快速的变化,也就难以实现“因地制宜”“因人而异”的精准广告效果。

2. 数据驱动下的消费者研究新路径

(1)研究视角:基于实时数据实现预测未来

进入大数据时代,反映消费者网络消费轨迹的线上数据大量沉淀,采集、分析消费者线下消费行为的技术也在日益完善。大数据使得消费者的形象得到真实、完整的还原,消费者的最新动态能够得到实时追踪,单个消费者的“个性化”需求能够被及时捕捉,广告的精准度得到大幅提高。

关于数据应用于消费者信息挖掘领域,有一个广为流传甚至被《纽约时报》报道了的营销案例:“一天,美国第三大零售连锁超市塔吉特的门店里闯进了一名男子,他向店铺经理投诉‘你们竟然给我17岁的女儿发婴儿尿不湿和童车优惠券。’一个月后,这位父亲来道歉,因为这时他才知道他的女儿的确怀孕了。塔吉特通过分析女性顾客的购买记录,挖掘出25项与怀孕高度相关的商品,制作“怀孕预测”指数。被预测为可能怀孕的顾客,塔吉特会相应的推送孕妇装、婴儿床等折扣券寄给顾客来吸引购买。"[①]塔吉特通过对海量交易数据的挖掘,能够全面了解消费需求,对消费者行为做出判断,数据甚至比消费者更了解自己。

以往的消费者洞察始终在努力"追赶"消费者,消费者在想什么、做什么、为什么这么做,研究疲于解释消费者过去或是当下的行为,却始终跟不上消费者的脚步。而在大数据驱动下的消费者洞察时代,研究者真正有能力改变这种被动的局面。大数据与消费者"如影随形",基于实时数据的监测,不仅理解当下,更能够预测未来,在消费者未行动之前,就挖掘潜在的需求,予以推荐相关的商品以促成行动。再比如,亚马逊的产品推荐系统的购买转化率高达60%,这种预测的原理其实并不难理解:根据消费者以往的购买历史情况去推荐可能购买的产品;根据与消费者有高度相似特征的其他消费者常常购买的产品,向用户进行推荐;根据用户已经购买的某样产品,去推荐和该产品关联的产品。

(2)收集消费者数据的主要方法

①Web日志(网络日志)

截止至2014年12月,中国网民的规模已达到6.49亿,互联网普及率占47.9%,其中10-49岁年龄段占比达到了90.4%。[②] 现有网民几乎覆盖了最具购买力的消费群体,网民留下的大量线上数据成了洞悉消费者行为的宝贵财富。

Web日志(网络日志)记录了所有访问Web服务器的数据流信息。常见的通过日志识别用户的方式有3种:IP地址、Cookie、用户ID。

IP地址是最容易获取的信息,任何Web日志中都会包含IP地址。根据IP地址能够很轻易地识别用户的地理位置。例如,将IP地址199.233.237.253输入http://ipchecking.com就可以查阅到这个地址来

① 谭磊,《塔吉特知道你怀孕了:个性化推荐背后的生成机制》,http://www.aiweibang.com/m/detail/159117.html? from=p,2015年6月7日

② 中国互联网信息中心(CNNIC),第35次《中国互联网络发展状况统计报告》,http://www.cnnic.net.cn/gywm/xwzx/rdxw/2015/201502/W020150203456823090968.pdf,2015年6月7日

自于美国密歇根州的 Dearborn Heights 市。不过使用 IP 地址也存在局限，在学校、网吧等公用网点的 IP 地址相同，因此不能判定单个用户。

Cookie 的出现较好地解决了这一问题。现在的互联网服务为了体现个性化，普遍使用了 Cookie。Cookie 是某些网站为了方便识别用户身份，而存储在用户本地终端上的数据文件，这些数据记录了消费者的网上浏览行为及浏览状态（包括用户 ID、用户密码、浏览时间、停留时间、点击行为等）。如今，Cookie 被大量用于对消费者的行为分析中，通过对 Cookie 的挖掘分析，能够获取单个消费者的人口自然属性、兴趣爱好、购买倾向等信息，帮助深层次理解消费者。

用户 ID 具有最强的消费者身份唯一性。通常是消费者在某一网站上注册和登录后，而分配的独有的用户识别。不过由于用户不是在每个网站上都进行注册，因此使用用户 ID 收集到的信息将较为有限。

②基于位置的服务

LBS（Location Based Service）即基于位置的服务，是通过电信移动运营商的无线电通信网络（如 GSM 网、CDMA 网）或外部定位方式（如 GPS）获取移动终端用户的位置信息（地理坐标，或大地坐标），在 GIS（Geographic Information System，地理信息系统）平台的支持下，为用户提供相应服务的一种增值业务。

LBS 应用被广泛叠加于各类平台上，如 LBS + SNS、LBS + 电子商务、LBS + 生活服务等等。将消费者的动态的地理数据与社交关系数据、消费数据等网络行为数据结合，能够根据消费者的所在位置、购物习惯、兴趣爱好、社会关系等信息，向用户推送就近的、精准的广告信息。如大众点评网、去哪儿网、切克网（check - in）、美团网都已利用 LBS 技术，实现精准的广告营销。

举例来说，用户 A 的移动互联网应用记录了 A 在过去两年里的地理位置信息。经过数据分析发现，用户 A 在 80% 的时间待在北京，而几乎每个季度末都会往返于上海，停留时间不超过 3 天。在春节或者十一长假期间则会去往福建。我们可以大致判断用户 A 常住在北京,但很有可能由于工作原因,每季度末要在上海出差。而由于家庭原因,用户 A 在春节期间或节假日期间要回福建。此外,根据数据显示 A 每次出现在上海之前的 10 小时内,在北京到上海沿线的不同地点登录。而每次出现在福建之前只耗费 3 小时左右,且沿线无其他地点的登录信息。我们可以再次判断 A 从北京到上海选择的可能是高铁,而去往福建则选择了飞机。根据这些信息我们可以向 A 在相应的时间节点推送特价机票、特价酒店、优惠礼品券等信息。

以上只是一个简单的基于 LBS 的消费者数据挖掘案例,而一旦和 SNS、电子商务以及其他应用的线上数据相连接,形成 O2O 闭环后,所产生的效果将更加惊人。

③基于室内 Wifi

室内 Wifi 同样也是收集消费者数据的有效方法。移动终端搜索网络时会发送唯一的标识码,当消费者进入某建筑物打开 Wifi 时,该建筑物内的 Wifi 系统就可以捕捉到消费者的通讯 ID,从而通过跟踪该 ID 获取消费者的进入时间以及室内即时行动路线,由于通讯 ID 的唯一性,因而还可以发现"回头客",并分析这类人群的到访频次以及行为特征。而且,对于采用定位技术的 Wifi,一旦消费者手机设置为搜寻 Wifi,即使没有连接上,Wifi 系统也可将该消费者定位在 10 英尺(3 米)半径的范围。①

大型的购物商城、酒店等已经广泛使用室内 Wifi 技术。

④ 移动定位 iBeacon

iBeacon 是苹果公司于 2013 年 9 月 iOS 7 系统发布时推出的新功能。iBeacon 技术的特殊之处是它并不需要互联网的支持,而是以蓝牙为基础,通过结合 iBeacon 基站,来达到连接目的。当消费者进入部署有 iBea-

---

① 张辉锋、吴文汐,《消费者情境的发掘——大数据时代广告投放的新水平》,《西北大学学报》,2014 年 7 月,第 44 卷第 4 期

con 基站区域,就可以通过手机获得店家发送的优惠券或店内商品信息。然后消费者可以使用收到的“电子”优惠券去商店消费并得到折扣。

2014 年 7 月,北京的南锣鼓巷上线了 iBeacon 技术,在南锣鼓巷构建了一套自动感应的网络,当手机安装了相关 APP 的游客走进南锣鼓巷之后,手机上就可以自动弹出南锣鼓巷的商家信息、商品信息和优惠活动,游客来到每家商户门口,手机上就会自动弹出该商户的相关活动信息和介绍。①

图 4-3:北京南锣鼓巷的 iBeacon 应用

三、大数据洞察下的消费者特征

对于消费者行为的研究实际上围绕着新时期消费者特点的变化而变化。面对日益主动、碎片化、个性化的消费者,无论从分析模型还是分析方法上,传统的消费者行为分析都在逐渐失效。新营销时代,消费者行为正在经历一场变革。

1. 积极主动的消费者

网络的快速发展与普及,赋予了普通人极大权利,也激发了人们前所未有的主动性、参与性。根据中国互联网信息中心(CNNIC)发布的第 35 次《中国互联网络发展状况统计报告》显示,有 60.0% 的网民对于在互联网上分享行为持积极态度,其中非常愿意的占 13.0%,比较愿意的占

① 郭兆辉,《精准移动定营销》,《软件和信息服务》,2014 年 05 期

47.0%。有43.8%的网民表示喜欢在互联网上发表评论,其中非常喜欢的占6.7%,比较喜欢的占37.1%。①

这种分享与参与的热情同样也反映在消费者的消费行为中,消费者变得更加积极主动,相较于以往消费者被动地接受企业的产品或服务,新时代的消费者在最终消费之前,往往采取了一系列复杂、主动的行动,如搜索产品信息、浏览相关评论、搜索优惠活动等等,而在消费完成后,还可能评论产品或服务、分享使用心得、提出意见建议等。

举例来说,如下表所示,是某DSP公司监测到的消费者行为记录。ID为"E2BDrZD ~0CH"的消费者2014年4月28日看到了在豆瓣网上的凯迪拉克汽车广告,该用户最近有买辆跑车的打算,看到展示广告后随即对凯迪拉克产生了兴趣,消费者点击观看广告后,并未预约试驾,而是在随后几天在百度搜索页搜索了关键词"凯迪拉克",并在知乎网上浏览网民关于凯迪拉克的相关评论,最终在凯迪拉克的官网上完成了预约试驾。

表4-1:某一匿名消费者对"凯迪拉克"广告从浏览到试驾的网络行为记录

ID:E2BDrZD ~0CH			
曝光时间	20140428115603	曝光页面	http://www.douban.com/group/
点击时间	20140428012048	到达页面	http://www.cadillac.com.cn/active/xts5050/index.html? mz_ca = 2002668&mz _ sp = 6rUd9&mz _ sb = 1
搜索时间	20140504111026	搜索页面	https://www.baidu.com/s? wd = % E5% 87% _sug4 = 816
浏览时间	20140504084948	浏览页面	http://www.zhihu.com/knowledge/kaidilake/

① 中国互联网信息中心(CNNIC),第35次《中国互联网络发展状况统计报告》,http://www.cnnic.net.cn/gywm/xwzx/rdxw/2015/201502/W020150203456823090968.pdf,2015年4月10日

续表

ID:E2BDrZD ~0CH			
转化时间	20140504121936	转化页面	http://www. cadillac. com. cn/active/xts5050/index. html? mz_ca = 2002668&mz _ sp = 6rUd9&mz _ sb = 1

2. 具象化、立体化的消费者

回到传统的消费者研究中,首先,在这里消费者永远是一个模糊的概念,是一个难以具象的群体。既然难以识别消费者,也就更难以判断是否为目标消费者,广告主与媒体只能尽可能地接近目标人群,往往造成极大的广告浪费。其次,以往对消费者行为的分析大量使用目的、动机、态度、行为、决策等冰冷的词汇,消费者的形象是枯燥的、简单化的。此外,过去的分析者收集到的消费者信息始终是静态的、片段的,面对处于实时变化中的消费者行为,消费者研究往往比较滞后。

而今天的消费者研究为我们呈现的是一个个具象化、立体化、动态化的消费者形象。研究者用几百个标签去描摹消费者画像,对消费者行为进行实时的完整的追踪和记录,把消费者放在一个多点的、非线性的场景中去理解。

以阿里巴巴旗下的数据产品"全景洞察"为例,这款产品以阿里巴巴海量的交易数据为基础,构建消费者模型,帮助品牌深入的研究消费者的行为及特征。

某轻奢侈女包品牌希望通过"全景洞察",绘制目标人群的完整画像。该女包品牌主要有3类目标人群:高消费的女性(白富美)、高消费的男性(高富帅)和偏高消费的一二线城市25-40岁女性(大城市轻熟女)。通过"全景洞察"看这3类目标人群的消费偏好(品类、品牌、产品属性、价位段、搜索词等)和生活形态(上网时间、网站、关注点、视频等),抽象人群特征建立这3类目标人群的角色模型(Persona),如下图所示。

图4-4:“白富美”目标人群角色模型①

图4-5:“高富帅”目标人群角色模型②

---

① 孙予加,《大数据时代的消费者洞察》,User Friendly 2014 暨 UXPA 中国第十一届用户体验行业年会论文集,2014 年 11 月

② 同上

图 4 –6:“大城市轻熟女”目标人群角色模型①

“全景洞察”将消费者真正还原为鲜活的“人”,不仅仅关注消费者的购买行为,而且还关注消费者生活的方方面面,从而更深入的理解消费者,制定更有针对性、更加个性化的营销计划。

3. 追求个性化的消费者

大规模工业化时代,传统流水线式的生产方式加之消息传递的滞后,使得人们的消费趋于大众化。工业生产的进步,消费者意愿表达的畅通,使得消费者对于个性化消费提出了更高的要求。这种追求不仅表现在获得个性化的产品上,同时也表现在消费的过程中希望得到特别的、专属的服务。

可口可乐中国官方微博在 2013 年 6 月发起“一起分享昵称瓶”的网络营销活动。可口可乐在瓶身上印有“好萌”“小清新”“快乐帝”“吃货”

① 孙予加,《大数据时代的消费者洞察》,User Friendly 2014 暨 UXPA 中国第十一届用户体验行业年会论文集,2014 年 11 月

“大咖”“小萝莉”等网络流行语昵称，网友可以在微博线上定制昵称瓶，也可以在线下直接购买昵称瓶并分享到微博上①。印有网络流行语的昵称瓶，一改往日单调的可口可乐包装方式，极大地激发了消费者的参与热情，消费者根据自身的个性特点，选择相应的昵称瓶，并在微博上大秀“个性”。此次活动，当季微博线上参与的相关评论和转发超过10万，并直接带动当季线下销量增长超过10%。

微软与美国东海岸沿线的超级市场ShopRite联手推出了智能购物车项目，当消费者进入超市入口选择一辆智能购物车，插入自己的会员卡后，车上的电脑屏幕立刻显示出“热烈欢迎XXX”的字样，并列出商品目录，这是根据消费者以往的购物清单而个性化制作的。此外，购物车还允许消费者编辑自己的购物清单。牛奶、鸡蛋、西红柿……智能购物车根据最终的购物清单，为消费者提供每一种物品的购买捷径。② 智能购物车在美国大受欢迎，很大程度上是因为它为消费者带来个性化服务，极大地优化了消费者的购物体验。

第二节 无数据，不营销

此前我们已经提到了大数据时代数据对于广告营销者的意义。本节我们将重点讨论消费者数据的来源、不同来源的数据如何匹配和管理、DMP的基本情况以及数据孤岛问题。

一、营销角度理解大数据

数据库营销(Database Marketing)的概念早在1988年就已提出。交

① 案例整理自《社交定向广告商RadiumOne将完成5000万美元融资》，网易科技，http://net.chinabyte.com/409/12706409.shtml。

② 斯蒂芬·贝克，《当我们变成一堆数字》，中信出版社，2009年7月第1版

换和售卖数据并不是一个新现象，然而大数据的到来让数据库营销有了新的意义。

IBM公司从特征上定义了大数据，提出了“4V”理论，即海量（Volume）、多样（Variety）、高价（Value）、高速（Velocity），我们可以从营销学的角度对这4个特征进行解读。

海量，指的是用户数据的体量。大数据一般指在10TB规模以上的数据量。因此，单个媒体所形成的数据库基本上都不是大数据。只有将来自多个媒体渠道的数据库集合在一起或是一些平台型的互联网公司的数据库才能称得上是大数据。比如，目前Twitter每天产生的数据量超过7TB，Facebook为10TB，它们都有能力开展大数据营销。

多样，指的是数据的广度。消费者数据的类型应该多样，既包括结构化数据也包括非结构化数据。[①] 从数据本身来看，其属性也应该多样，可以是人口统计数据、行为数据、文本数据、购买数据、社交数据、搜索数据、地理位置数据等等。

高价，指的是用户数据的价值。数据的价值量是不同的。首先，可信度越高的数据其价值量也就越大。比如用户注册数据，是用户自愿提供给媒体的数据，可能包括邮箱、地址、人口属性等等。观察数据是通过消费者网上浏览行为能够直接观察得到的数据。预测数据是在观察数据的基础上推断得出的数据，比如一个购买过大学教材的用户，我们推测他可能为大学生。用户注册数据的可信度最高，价值量最大。而观察数据的价值量也要高于预测数据。其次，时效性越强的数据价值越高。如果广告主获取的只是几天前消费者想要购买某一商品的信息，那么可能已经错过了营销的最佳时机。

① 结构化数据指能够预定义数据类型、格式和结构的数据。非结构化数据指没有固定结构的数据，通常将其保存为不同类型的文档。

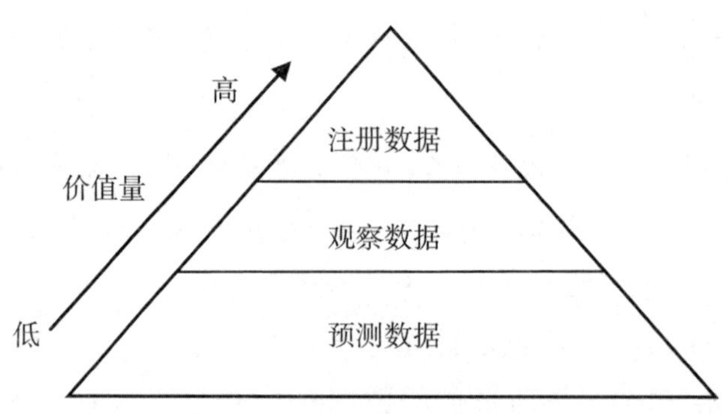

图 4－7:数据类型与数据价值关系

高速,指的是对数据的反应能力。大数据的“秒级定律”要求对数据的处理要在秒级内完成,超过秒级未给出分析结果,数据也就失去了意义。在 RTB(实时竞价)广告环境下,广告竞价者必须在极短时间内决定是否参与竞价,以及给出多少价格合理,因此大数据还应该是“快数据”。

二、消费者数据主要来源

大多数营销者认为“多样”是对大数据营销最大的挑战。消费者数据从何而来？我们可以从广告主的角度出发,按照数据来源,将数据划分为第一方数据(First－party Data)、第二方数据(Second－party Data)以及第三方数据(Third－party Data)。

1. 第一方数据

第一方数据即品牌广告主自有的数据,包括零售店销售数据、品牌网站数据、微信数据、微博数据、消费者服务数据、售后维修服务数据、会员积分卡数据、EDM 数据(电子文件管理数据)、CRM 数据(客户关系管理数据)、广告数据等等。许多大型的品牌广告主都十分重视自身数据平台的搭建,此前我们提到的塔吉特连锁超市通过 25 种产品研发“怀孕预测”指数的案例,正是对第一方数据的巧妙运用。

来自于第一方的数据,较为真实、可靠,但也存在缺陷。首先,第一方数据常常是延时的,比如以月或者季度为单位对消费者的活动进行记录和分析。而大数据营销对时效有着较高的要求,缺乏时效性广告的精准度将大打折扣。其次,第一方数据中的线下数据和线上数据难以统一,无法将线下消费者的身份与他的线上行为对应,也就不能完整的还原消费者的形象。此外,即使是最大型的品牌主它所拥有的第一方数据也是有限的,如果不和其他数据相连接、补充,那么将不利于品牌扩展新的用户、实现更精准的营销。最后,第一方数据往往包含较多个人身份信息,需要对数据进行清除、转换等特殊处理,否则在使用的过程中将侵犯用户隐私,影响品牌形象。①

2. 第二方数据

第二方数据,即在第一方数据基础上所直接产生的数据。比如营销数据,当一家媒体或者 DSP 为你提供广告服务的时候,广告投放中产生的浏览、点击、转化的数据,都将成为第二方数据。此外,还可以通过与其他公司合作的方式获取第二方数据。

举例来说,A 航空公司和 B 连锁酒店展开合作,那么当某一用户在这家航空公司预订了去往杭州的机票之后,该航空公司可以将此信息共享给 B 连锁酒店,那么 B 连锁酒店就可以针对性的推送一些酒店折扣信息给该用户。同样,A 航空公司也将获得 B 连锁酒店的消费者数据,找到新的目标消费者。

第二方数据实际上是第一方数据持有者彼此间的数据交换和共享。尽管从数据质量的角度来说,第二方数据同第一方数据一样具有真实、安全的特点,但是第一方数据持有者是否有权利进行数据的交换,这种交换是否获得了消费者的同意,随意的信息交换是否会导致消费者的隐私泄漏,这些问题都需要规则的制定和行业的自律。

---

① Diaz Nesamoney, *Personalized Digital Advertising: How Data and Technology Are Transforming How We Market*[M], Pearson FT Press, 2015

3. 第三方数据

第三方数据,即来源于外部资源的数据,广告主需要向数据供应商或者 DMP(Data Management Platform)购买来获取。第三方数据的来源非常广泛,是数据供应商向大量、多类型的网站、平台购买并整合之后的数据。

此前我们提到大数据广告的关键在于数据的多样性。第三方数据的采购商向不同的渠道购买数据,因此数据的种类繁多,可能涵盖了电商数据、搜索数据、媒体数据等等,且不仅仅是线上数据也包含线下数据。第三方数据弥补了广告主仅仅依靠第一方数据、第二方数据的单一性,增加了数据的广度,有助于为广告主发现新的目标消费者,更全面的理解消费者,从而实现精准营销。

不过市场上第三方数据供应商的质量良莠不齐。由于数据供应商的数据来源是不透明的,因此,数据的可信度要大打折扣。选择高质量的数据供应商,成为广告主购买第三方数据的关键。

无论是第一方数据、第二方数据还是第三方数据都存在各自的优势和缺陷,广告主在使用第一方数据的基础上,应加强与其他品牌之间的合作,扩展第二方数据,同时整合安全、有效的第三方数据,利用不同数据类型的特点,实现精准营销。

三、DMP——消费者数据管理的集大成者

分散的、各异的数据,需要有一个统一平台进行整合,对数据进行标准化和细分,以便用于高效、精准的广告投放。这一平台要有强大的数据管理技术和丰富的管理经验,一般的企业依靠自身的能力难以企及,于是专业的数据管理平台 DMP(Data Management Platform)孕育而生。DMP 是一个中央数据管理平台,它不仅能分析第一方的线上、线下数据,也能整合广告投放获得的用户数据,以及与第三方用户数据进行对比参照。通过多种方式,DMP 可以让广告主、代理公司、媒体等企业的营销人员掌

握多方来源的数据,更加透彻分析和应用消费者的数据。①

按照数据来源的分类,可以将 DMP 分为第一方 DMP 和第三方 DMP。第一方 DMP 即广告主的私有 DMP,收集整合广告主的第一方数据,广告主拥有数据的绝对使用权。第三方 DMP 不仅仅收集广告主的第一方数据,还有其他丰富的数据来源,因此数据的使用权一般属于 DMP 自身,不归广告主所独有。国内的第一方 DMP 包括 AdMaster、秒针、安客诚等,第三方 DMP 则有 Taking Data、传漾、缔元信、Media V 等。两者的区别是:相较于第三方 DMP,第一方 DMP 的独特优势是广告主的信息安全可以得到较好的保障,第一方 DMP 整个数据系统的控制权和使用权全部在唯一的广告主手中。② 不过对于第一方数据不足的广告主而言,选择第三方 DMP 能够扩充消费者数据,达到更好的广告投放效果。

第一方 DMP 和第三方 DMP 两者在技术功能上是相同的,都拥有数据采集、数据管理、数据应用等核心功能。

1. DMP 的数据收集

DMP 的消费者数据从何而来? 首先 DMP 可能会向线上、线下的数据供应商、媒体、广告网络(Ad Network)、广告交易平台(Ad Exchange)等购买数据。数据已经成为媒体在广告位之外的又一大交易财富。此外,大部分的 DMP 在与客户(如媒体)的交易中,也会将采集来自客户流量的数据作为协议的要求之一。例如,DMP 在提供数据给某一特定媒体的过程中,也将采集到该媒体的访客信息,从而不断扩充自身的人群数据。同样,DMP 与广告网络(Ad Network)、广告交易平台(Ad Exchange)的合作中,DMP 也在获取对方的 Cookie 数据。因此,DMP 的消费者数据如同滚雪球一样不断增长。

① 易传媒,《2014DMP 蓝皮书》,http://www.adchina.com/Marketing/WhitePaper,2015 年 6 月 7 日

② 《细数国内的那些 DMP 公司及技术流程》,http://www.199it.com/archives/272596.html,2015 年 6 月 7 日

2. DMP 的数据管理

DMP 对数据的管理包括对数据的整合和分类。数据的整合涉及第一方数据、第二方数据、第三方数据的对接，线上、线下数据的对接以及跨屏数据的对接等问题。

此前我们简单地对 Cookie 进行了介绍，为什么 Cookie 能成为身份识别的工具？首先，Cookie 具有唯一性，一个用户在同一域名下只能有一个标识。此外，Cookie 在用户不进行特别设置的情况下，具有一定的存续期，能够持续存放在一个浏览器中。然而，同一用户在不同域名的 Cookie 是不同的，相互之间不能访问使用。比如用户 Wendy 在浏览了大众点评网网站之后，又浏览知乎网。虽然是同一用户，但是在大众点评网和知乎网上的 Cookie 却不能对应。因此，来自不同域名的 Cookie，需要通过 Cookie Mapping 技术在不侵犯个人隐私的情况下将数据同源化，从而完整的描绘同一用户的轮廓。

Cookie Mapping 技术听起来复杂，但原理较为简单。DMP 在所监测的网页大众点评网或者知乎网上设置了监测代码，当 Wendy 访问大众点评网时，该网站将发送一个重定向网址给 DMP，重定向网址里记录了 Wendy 并赋予了 Wendy 一个独特的 ID。通过重定向网址 DMP 查找在自己的 Cookie 库中是否已经包含了 Wendy。如果没有，那么 DMP 将为 Wendy 设置一个独立的身份标识，并将该身份标识反馈给大众点评网，让 DMP 的身份标识与大众点评网赋予的 ID 对应。下一次 Wendy 再登入大众点评网时，DMP 就能知道她与上次登录者是同一个人。用同样的方式，Wendy 访问知乎网时，她的身份也将被识别，DMP 将知道访问大众点评网与知乎网的是同一个人。

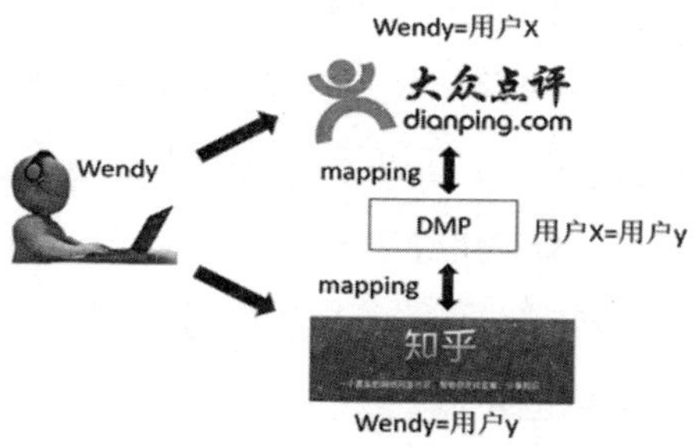

图 4 -8:DMP Cookie Mapping **示意图**

Cookie 之间的对接相对简单,却不能用于线上、线下数据的对接。线上、线下数据的对接对于数据整合而言仍然是一个极大的挑战。目前的方法是通过能够同时存在于线上、线下的"共通信息"进行连接。比如 Wendy 在线下的屈臣氏连锁商店里购买了面膜、防晒霜等化妆品,并在结账时使用了会员卡。而此后 Wendy 又在网上屈臣氏商城购买了其他产品,她同样使用了会员卡积分。那么 Wendy 的线上、线下行为能够同时被记录到同一身份下。除了会员卡之外,银行卡、电话、姓名等信息也能够作为"共通信息"用于辨识线上、线下的消费者是同一消费者。

Cookie 之间的对接同样也不适用于跨屏数据。随着移动互联网的快速发展,网民移动端的网上行为大量增加。中国互联网络中心的调查显示,2013 年网民中使用手机上网的人群首次超过 PC 网民规模。网民在社交聊天、购物、娱乐等方面的网上需求几乎都在移动端完成。因此移动端的消费者数据对于能否真实还原消费者形象具有举足轻重的作用。然而,将 PC 端的数据与移动端的数据打通具有较大难度。移动端的浏览器往往不允许使用 Cookie,或者只允许第一方 Cookie 的存在,此外,移动端浏览器的数据与 APP 数据之间也无法形成共享。

为了解决数据跨屏问题,苹果等移动设备厂商引进了新的身份识别方式——广告标识(IDFA 、Android ID 或 ADID)。广告标识能够在确保不泄露用户隐私的前提下,识别单个用户。不过广告标识仍存在缺陷,它仅仅能识别用户在 APP 上的身份,而无法记录用户在移动端浏览器上的行为,因此移动端浏览器的身份识别仍有待解决。

如同此前提到的,同样也可以通过一些“共通信息”(如用户注册信息等)来锁定移动端和 PC 端的同一用户。这样的身份确认不仅仅基于一项“共通信息”的相同,而是在多个“共通信息”一致的基础上进行判断。因此,判断的精准性也较高。

以上为 DMP 整合不同来源数据的主要方法。数据的整合是 DMP 进行数据管理的第一步,此后,DMP 将对数据进行分类,也可以称作数据的标签化,从多个维度对消费者数据进行细分。

3. DMP 的数据应用

DMP 对于消费者数据的收集和管理,最终目的是将数据应用于精准广告中,帮助广告主寻找到目标消费群。以 DMP 公司易传媒为例,其主要的数据应用表现在两个方面:

(1)锁定核心消费者

根据消费者层级的不同,易传媒 DMP 为广告主建立消费者数据金字塔。如图 4-9,处在金字塔顶层的是忠诚度最高的消费者,比如会员,他们的数据主要来源于广告主的 CRM(客户关系管理)数据;处在下一层的消费者,可能对广告主的产品较为喜爱,他们浏览过品牌的软文、分享过品牌的信息,又或者咨询过品牌产品,这些数据主要来源于第三方数据;倒数第二个层级的消费者,对品牌有一定的认知,比如浏览、单击过广告,打开过品牌的 EDM(邮件营销)等;位于金字塔底层的是仅仅已曝光过的消费者。在建立了消费者数据金字塔之后,可以再进一步洞察不同层级消费者的行为特征,从而根据特征锁定核心消费者。①

① 易传媒,《2014DMP 蓝皮书》,http://www.adchina.com/Marketing/WhitePaper,2015 年 6 月 7 日

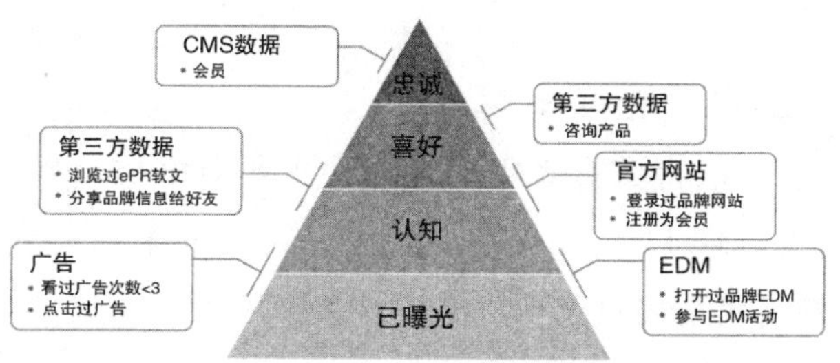

图 4-9:消费者数据金字塔①

(2)利用 Look-alike 模型放大消费者

广告主如果仅仅针对核心消费者进行目标投放,广告的覆盖面较小,不利于发现新的目标消费者。如何能兼顾广告的覆盖面和精准度呢?易传媒使用了 Look-alike 模型,根据已有的核心受众,找到与他们特征相似度最高的人群,这些人群很有可能是广告主的潜在消费者。某广告主 CRM 数据库里已有的会员是 600 万,整体的网民则有 6 亿,DMP 通过对 600 万会员行为特征的总结,为广告主在剩下的 5 亿 4000 万人群中寻找合适的目标消费者。

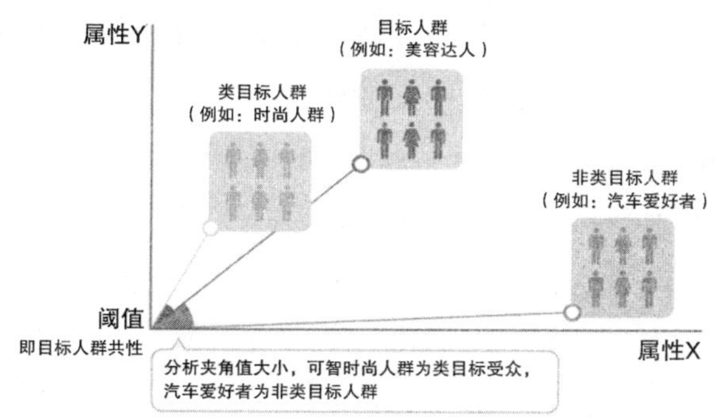

图 4-10:易传媒 Look-alike 模型②

① 易传媒,《2014DMP 蓝皮书》,http://www.adchina.com/Marketing/WhitePaper,2015 年 6 月 7 日

② 同上

四、哪些企业将是“数据大亨”

大数据营销时代,得数据者得天下。几乎所有掌握消费者数据的公司,都在建立数据管理平台,挖掘自身的数据价值,向精准营销方向努力。那么哪些企业最有可能发展成为“数据大亨”呢?

1. 生态级的互联网企业

互联网企业如BAT通过不断的并购扩张,其业务触角几乎延伸到了各行各业,在服务于消费者的同时,也聚合了大量的多元化的消费者数据资产。基于这些数据资产,近年来BAT分别推出了自己的DMP:百度DMP数据服务、阿里妈妈达摩盘、腾讯广点通。百度的消费者数据主要来源于搜索数据、网页浏览数据、地理位置数据(百度地图)以及图片和视频数据。阿里的数据则主要基于电商数据,淘宝、天猫、聚划算等记载了大量的用户浏览、点击、购买和收藏等行为。腾讯的数据则较为均衡,QQ、微信两大应用带来了航母级的社交数据资源,此外,腾讯的数据还包含了电商、搜索、游戏、视频等等。

BAT 3家已成为生态级的互联网企业,不仅仅有海量、多类型的用户数据资源,且具有较强的用户识别体系,依靠自身的数据就能较为完整的还原消费者形象。国外的互联网企业也纷纷抢占广告数据市场,如谷歌、Facebook、Twitter等互联网企业都纷纷利用自身的数据资源进军精准广告领域。可以说生态级的互联网企业已经成为当之无愧的“数据大亨”。

	百度	阿里	腾讯
电商交易		淘宝、天猫、1688	京东、拍拍
在线支付		支付宝	财付通
社交		微博、陌陌	QQ、微信
UGC	贴吧		QQ空间、朋友圈
新闻资讯	百度新闻		腾讯网
视频娱乐	爱奇艺	优酷	腾讯视频
浏览器	百度浏览器	淘宝浏览器	搜狗浏览器、QQ浏览器
搜索	百度搜索	一淘	搜狗搜索、SOSO
游戏	百度游戏	阿里游戏	腾讯游戏
音乐	百度音乐	虾米音乐网	QQ音乐
旅游	百度旅游、去哪儿	阿里旅行、穷游网	同程网、艺龙
地图	百度地图	高德地图	腾讯地图
应用市场	91无线		应用宝
餐饮生活	百度糯米	聚划算	大众点评
手机硬件		魅族	
商用Wifi		树熊网络	迈外迪
ID账号	百度账号	淘宝账号	QQ、微信

资料来源:RTBChina

表4-1:BAT 的数据资产①

2. 移动终端厂商

移动终端厂商也将手握丰富的数据资源。此前我们提到数据整合的一大难题在于实现跨屏整合,即将移动端数据与 PC 端数据打通。而移动终端厂商通过自身的 ID 体系,就能够有效识别用户身份,获取用户信息。例如苹果公司推出的 IDAD 标识。事实上,苹果已经初步的建立了广告业务,主要为一些大品牌提供定制化的广告产品。而据传苹果的广告投放费用正在逐步缩减,将节省经费用于发展自身的广告业务。② 亚马逊不仅仅拥有海量的电商数据记录,同时也在通过 Kindle 平板获取更多的消费者信息。

国内的小米、华为等厂商同样也可以利用自身产品优势,建立用户识

① 《寻找未来 DMP 中之最强大脑》,http://www.rtbchina.com/in-search-of-the-best-of-breed-dmp.html,2015 年 5 月 15 日

② Diaz Nesamoney,*Personalized Digital Advertising: How Data and Technology Are Transforming How We Market*[M],Pearson FT Press,2015

别体系,收集更多的消费者数据信息。随着 PC 端 Cookie 作用的逐渐弱化,这些掌握移动端消费者数据的硬件厂商,将成为名副其实的“数据大亨”。

3. 电信运营商

大数据也将成为电信运营商的一大机遇。面对互联网公司的挤压,传统运营商也在努力从单一的即时通信向多元业务发展。电信运营商掌握着数以万计的通信用户,能够获得最全的用户数据,包括网上行为数据、网上交易数据、位置数据、网管数据、信令数据、微博数据、即时通信数据、网页数据、传感器数据、音频数据、视频数据、图片数据、日志、实时监控视频数据等等。① 无论消费者使用何种平台和终端,其最终的网上数据都能够归入运营商的管道。因此,腾讯不能够获得阿里的大数据,阿里不能够获得腾讯的大数据,但是运营商可以同时拿到两家的数据,的确有机会成为“数据大亨”。

4. 超级 APP

部分装机量高的超级 APP 同样也拥有极大的数据财富。以新闻资讯 APP 今日头条为例,截至 2014 年 6 月,今日头条的装机量已超过两亿,日活跃用户达到 2000 万。今日头条本身就是一家基于数据挖掘起家的技术型公司,通过对用户行为的分析进行个性化的新闻信息推送,对于消费者数据的收集、管理、挖掘可谓驾轻就熟,具有天然的精准营销优势。除了今日头条之外,美图秀秀、网易新闻、搜狐娱乐等超级 APP 也有机会抢占大数据营销领域,成为“数据大亨”。

5. 拥有强大技术能力的 DMP 公司

如同此前提到的,DMP 在为广告主服务的同时,也将获取广告主、投放媒体的用户数据。拥有强大技术能力(包括数据管理能力、数据挖掘能力等)的 DMP 公司,将获得越来越多广告主的青睐,在为广告主投放的

① 《电信运营商如何玩转大数据》,http://labs.chinamobile.com/focus/383/,2015 年 5 月 15 日

过程中,自身的消费者数据也将如同滚雪球一般不断增长,最终发展成为"数据大亨"。

五、国内数据市场的主要困惑

1. DMP 数量众多,质量良莠不齐

2010 年至 2014 年间,国内涌现出包括易传媒、安客诚、缔元信等多家 DMP 公司。然而各家 DMP 之间的质量差距较大,一些 DMP 可能存在数据使用不规范的问题,越界使用广告主的数据资源,进行商业化操作,侵犯到广告主和消费者的利益。此外,一些 DMP 也存在数据规模有限、数据质量较低、线下数据缺失等问题。因此,广告主对于 DMP 应该慎重进行选择。

2. 信息孤岛求解

信息孤岛是指相互之间在功能上不关联互助、信息不共享互换、业务流程和应用相互脱节的计算机应用系统。大数据营销要求数据的"海量""多样",而单个企业往往难以拥有成规模的数据,一些互联网企业即使存储了大量的数据,但开发能力始终有限,不能进行完整的分析和运用。因此,只有将多个企业、行业的数据打通,将私有数据转变为公共大数据,将企业自有、行业自有的数据整合,才能够打破"数据孤岛"。

从目前的国内数据市场来看,几家大型的互联网企业各自推出了 DMP,开放了部分数据,此外第三方 DMP 公司的大量涌现,也一定程度上打通了各企业、行业之间的数据。但数据开放首先涉及企业的利益问题,其次国内的数据市场仍不成熟,在数据开放的过程中如何保护数据安全、保障个人隐私尚未提出有效方案。因此,短期内难以打破"数据孤岛"现象。

图 4-11:国内消费者数据生态地图

第三节　实现精确制导的技术与应用

数字广告的市场份额正在不断增长,其中精准广告成为各大互联网巨头争夺数字媒体蛋糕的主战场。无论是国外的 Facebook、谷歌、雅虎、Twitter,还是国内的阿里巴巴、腾讯、百度都在精确制导方向上加足马力。

对于精确制导而言,“数据 + 技术”是无往而不胜的法宝。上一节我们对于消费者数据已经有了较为全面的认识,这一节我们将聚焦于广告定向技术的分类及其应用。

一、基于大数据的广告定向技术

网络广告定向技术(Ad Targeting Technology)是通过收集特定终端设备在一段时间内的互联网相关行为信息(例如浏览网页、使用在线服务或应用等),预测用户的偏好或兴趣,再基于此种预测,通过互联网对特定计算机或移动设备投放广告的技术。网络广告定向技术的产生,建立在大数据发展的基础之上,海量的用户浏览数据、搜索数据、购买数据等的记录和存储,使得辨识单个消费者的自然人口属性、行为特征、兴趣爱好、消费需求等成为可能,广告能够精准地锁定目标消费者,抓住消费者购买的“关键时刻”。

1. 人口统计定向(Demographic Targeting)

人口统计定向利用人口的自然属性进行分组定向。人口的自然属性包括性别、年龄、教育情况、婚姻状况、职业、收入等。根据这些自然属性对于消费者人群进行细分,能够更加精确的定位到目标消费者。

人口自然属性方面的信息往往较为私密,一些广告主通过自身的CRM数据库以及官网注册等方式可能记录了相关信息,但即使是大型品牌广告主其存储的消费者数据也始终数量有限,想要了解更多的消费者信息,往往需要通过机器学习、算法学习来获取。此前,我们提到基于Cookie获取消费者数据,算法通过Cookie记录的信息,能够较为准确的预测出人口的自然属性。当然,基于Cookie的预测不仅受单个因素的影响,更是多个因素综合加权计算的结果。比如,消费者Wendy喜欢访问汽车网站,算法不会简单的判断她为男性用户,而如果她同时还多次浏览时尚网站、多次购买过女性用品等等,算法通过多因素的综合分析,最终预测其性别为女性。当广告主选择的广告展示受众为女性时,Wendy就将成为目标受众。

人口自然属性的预测难以达到100%的准确,但是数据预测本身建立在统计学范畴之上,当一个判断的准确度在75%以上我们就可以认为它是准确的,当达到90%的时候,则可被认为是精准。

2. 地域定向(Geo Targeting)

地域定向根据用户的地理位置信息推送定向广告。前文提到基于IP地址的消费者数据以及基于LBS的消费者数据都能够用于预测消费者的地理位置信息(包括国家、州、城市、邮编等)。此外,还能够根据浏览器默认语言和搜索语言等预测消费者的地理位置。例如Wendy使用的浏览器默认语言为中文,搜索语言使用的是中文繁体字,那么我们可以大致推测Wendy居住在台湾、香港或者其他汉语繁体字使用的地区。

地域定向的使用可能包括两种情况，一种用于投放地点的设置，让广告只展现给某一地区的用户，比如某一本地化的农产品电商，只需将广告投放给本地消费者。另一种用于个性化创意的制作，根据用户所在的特定地域，制作推送个性化的广告。例如消费者在购买汽车的过程中，往往需要预约试驾，如果能够通过消费者的地理位置信息，帮助消费者找到最近的销售点，并将销售点信息制作到广告创意中推送给消费者，那么就有可能进一步推动消费者前往销售点试驾。

3. 时间定向(Time Targeting)

时间定向也是一种重要的定向方式，即在特定的时间段进行广告投放。时间是最易获取也最不容易侵犯隐私的数据，同时如果能掌握好营销的关键时间节点那么广告主的营销效果将会有大幅度提升。

我们的许多需求基于时间而设定，例如早餐在 7 点，8 点至 9 点一般为交通时间，12 点左右为午饭时间，下午 6 点左右为晚餐时间，周末可能会选择户外运动，节假日我们则可能出去旅游，情人节、母亲节、父亲节等特殊节日我们可能会赠送礼物等等。

掌握营销的关键时间节点非常重要，广告主应该根据产品的特性，为广告投放设定特定的时间段。例如在早餐时间投放肯德基早餐广告，在交通时间投放滴滴打车优惠券信息，运动品牌可以选择在周末投放广告，而鲜花店、礼品店则可在特定节日进行大规模的广告宣传。此外，在广告主进行促销活动、品牌活动期间，配合活动加大广告的投放量，也将达到更好的营销效果。

4. 内容定向(Contextual Targeting)

内容定向也可称为上下文定向或者关键字定向，指根据网页的上下文内容来匹配合适的广告(如图 4-12)。举例来说，比如用户在体育新闻网站上看到与运动品相关的广告，那么一般为内容定向广告。

图 4-12: 内容定向广告

内容定向广告的精准度取决于广告与网页内容的匹配度,其主要的方法是根据网页的上下文内容提炼出关键字、关键短语,通过关键字、关键短语将网页主题归类,如运动、娱乐、科技等等,广告主选择与自身产品最相似的类目定向投放广告。

案例 4-1:SiteScout 广告平台的内容定向广告①

根据美国互动广告局(IAB)的标准分类列表,可以将网站类型分为 23 个大类,将近 200 多个小类目。

① 此案例整理自:SiteScout RTB Update: Contextual Targeting Now Available! http://www.sitescout.com/blog/2011/10/sitescout-rtb-update-contextual-targeting-now-available-powered-by-proximic-part-1/,2015 年 5 月 20 日

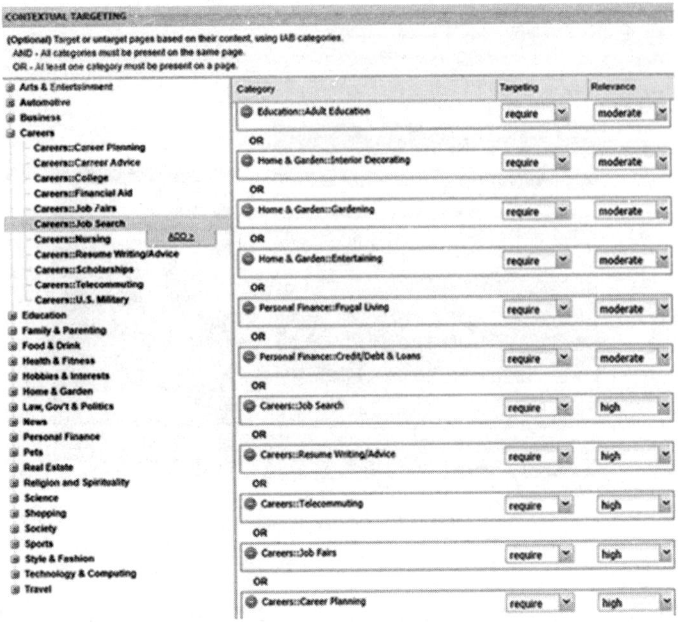

图4-13：SiteScout 平台的内容分类系统

当一次广告曝光产生后，SiteScout 的广告系统将抓取网页的关键字，并将其与每一个类目的相似度进行评分。例如一个网页文章关键短语为体育，那么它与以下类目的相关性得分可能如下：

兴趣 & 爱好：运动 =90

健康 & 养生：健身 =85

新闻：军事 =30

房地产：购买房屋 =10

……

广告主可以选择合适的类目进行定向投放，并且可以设置期望的相关性得分：

强相关性≥70

中相关性≥40

弱相关性≥15

根据以上数据,SiteScout 能够将任何网页与类目之间进行相关性评分,不符合广告主类目设置的网页,广告主将不会参与竞价。

内容定向广告的原理类似于传统的“专业期刊”“功能性版面”广告,根据媒体内容来决定投放广告类型。但与传统媒体投放相比,网络上的内容定向使用算法模型进行匹配,节省了大量的人力。此外,基于海量的网络媒体资源,广告的曝光量及覆盖率也有所提升。

内容定向广告也存在缺陷,使用算法模型进行匹配,有时候会忽略掉一些因素,如人的情感因素以及网站负面内容等,比如一个新闻网站上关于一位名人英年早逝的新闻,可能会匹配一条人寿保险产品的广告。又或者在某航空公司飞机失事新闻报道的网页上,匹配的是该航空公司的机票打折广告。

5. 行为定向(Behavioral Targeting)

行为定向指广告主基于用户的行为特征进行分析,寻找到合适的目标消费者,对其投放广告。用户行为特征信息可以来自用户明确的表示,比如在某些社交网站上,用户注册时填写的兴趣爱好等,也可以根据用户以往的网上历史行为进行推断,比如浏览行为、搜索行为、广告点击行为、购买行为等等。

消费者在购买大宗消费品时,往往会有大量的浏览行为或搜索行为。比如一个想要购买汽车的用户,可能在搜索引擎上搜索与汽车相关的网页,在易车网上浏览汽车报价,在汽车之家上查询旧车折价费用,到某汽车品牌的官网上浏览相关信息等等。这些“信号”都在预示着该用户可能有购买汽车的打算。广告主不仅可以向该用户推送汽车广告,而且可以根据用户行为判断用户所处的“购买阶段”,从而根据购买阶段的不同制作个性化的广告。例如该用户仅仅是搜索与汽车有关的信息,他可能仅处于购买阶段的初期,而如果该用户已经在浏览汽车报价或是旧车折价信息,那么很有可能近期就有购买汽车的计划。

6. 重定向(Retargeting)

重定向又叫回头客定向,可以说是行为定向的一种特例,基于用户此前与品牌相关联的互联网行为,向用户进一步推送其感兴趣、可能产生转化的广告。重定向广告有多种形式,如搜索重定向、电子邮件重定向以及CRM 重定向等,常见的是基于站点的重定向广告。网站重定向即推送广告给访问过广告主官网后又离开的用户。重定向广告出现在广告主官网之外其他形形色色的网站上,目的是让广告主的品牌或者产品重复出现在目标消费者面前,企图把他们"拉"回来。

图 4-14:重定向广告示意图

重定向广告同样也可以根据消费者到达深度的不同、行为的不同,采取个性化的广告定向。以电商广告的重定向为例,可以把电商网站的购物流程分为以下几个步骤:

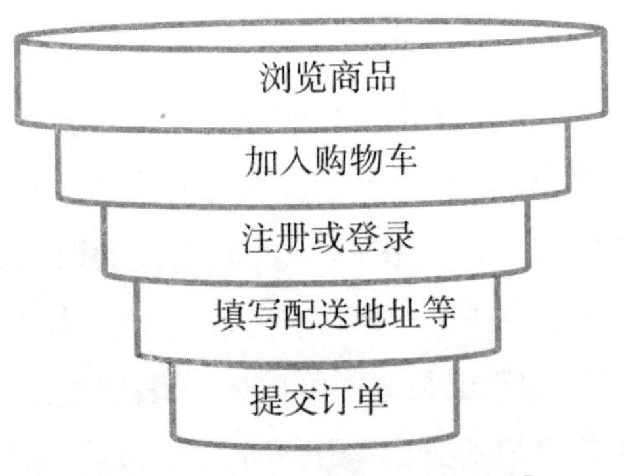

图 4-15:电商广告的购物流程①

① 牛国柱,《互联网精准广告定向技术:一切你该了解的知识总结与整理》,http://www.damndigital.com/archives/58893,2015 年 6 月 24 日

“针对浏览过商品的访客,分析其浏览记录,发现感兴趣的商品,通过广告将其感兴趣的商品推送到访客的面前;针对已经将商品加入购物车的访客,此时可能更重要的是给该访客一张电子优惠券,以促进其下单;针对到达过注册或者登录界面,但未完成注册和登录的人,给他一个商品即将售罄或者即将涨价的倒计时更能促进其回头下单;针对到过填写配送地址页面但没有提交订单的访客,提示免邮递费用或者直接告诉他‘你还差一步就将完成订单’,可能会是一个好的方法。针对已经提交订单的人,是广告主的老客户了,此时应该推荐关联的商品信息,以促进其二次消费。”①

据调查,大约2%的购物转化来源于消费者第一次访问在线商店,而其余的98%皆来自重定向。因此,擅用重定向技术,广告主的营销效果将大幅度提升。

7. 媒体定向(媒体黑/白名单的设置)

媒体定向即设定广告在特定的媒体上投放或在特定的媒体上禁止投放,也称设置媒体黑/白名单。媒体定向对于一些大型的品牌主而言,能够较好地保护其品牌安全。网络环境异常复杂,充斥着许多非法网站、不良网站等,如果将广告投放在这些网站上,将严重影响品牌形象。因此广告主可以通过媒体定向,筛选出一些网站进行定向投放。

除了以上列举的几种定向技术之外,网络定向广告技术还包括浏览器定向、操作系统定向、网页定向、语言定向、天气定向等等,其原理较为简单,在这里就不一一列举。事实上,大数据分类越细致,累积的数据量越大,广告定向技术的方式方法也将越加多样。一个成功的定向广告项目一定是多种定向技术综合运用的结果。

---

① 牛国柱,《互联网精准广告定向技术:一切你该了解的知识总结与整理》,http://www.damndigital.com/archives/58893,2015年6月24日

图 4 – 16:定向技术的综合运用

二、精准定向技术的修正

事物总是存在着两面,广告定向技术在实现“精确制导”的同时,也可能带来一系列问题,例如用户体验的恶化、对隐私泄露的恐慌等等。互联网广告在永无止境追求精准的过程中,更需要考虑其他技术和功能的配合,修正精准定向技术所带来的缺陷。

1. 频次设置

即使是具有强烈购买意愿的消费者,也不希望随时随地重复浏览同一广告。过度的广告曝光将造成消费者糟糕的用户体验,因此进行频次设置对于广告主而言十分必要。通过对单个消费者在一定时间内的浏览次数设置上限,可以实现合理的曝光。具体曝光上限的次数设置可以以日为单位或者以月为单位,并根据消费者购买阶段的不同而定。1972年,美国心理学家赫尔伯特·克鲁格曼经过研究,确立了消费者接触广告3次的心理学关系:第一次是好奇:“这是什么?”第二次是认识:“干什么用的?”第三次是判断:“对广告产生什么印象?”对广告的有效接触频次一般以3次为限。①

2. 已购买标识(Burn Code)

当你在线购买了某一产品之后,你发现该产品的广告几乎如影随形的“埋伏”在你此后浏览的所有网页里,无疑这是广告定向技术在起作用,但这样的“热情”让你感到非常厌烦。广告主通过设置已购买标识能够解决这一问题。在广告主的购买页面添加代码后,已转化的用户将被

① 牛国柱,《互联网精准广告定向技术:一切你该了解的知识总结与整理》,http://www.damndigital.com/archives/58893,2015年6月24日

排除在同款商品广告的目标投放人群之外。设置购买标识在避免打扰到消费者的同时,也为广告主节省了大量的经费。当然,已转化人群同样也可以成为该品牌的目标消费者,成为重定向广告的推送对象,只是所推送的广告,应该有别于其已购买的产品,可以是关联产品、升级产品、互补产品等。

3. 为用户设置定向广告开关

定向广告开关是维护用户自主选择是否观看定向广告以及观看何种类型定向广告的权利的一种设置。事实上,国外的许多定向广告公司都已尝试设置定向广告开关,比如法国重定向广告公司 Criteo。消费者 Wendy 最近在雅虎上浏览了几件连衣裙,未购买就退出了雅虎,此后在另一家网站 Wendy 看到了由 Criteo 为雅虎投放的连衣裙广告。在这个展示广告的右上方标有 Ad choice 的小标签,Wendy 好奇地点击了一下,然后跳转到了一个新的页面(如图 4 - 17)。在该页面上,Criteo 向 Wendy 解释了投放该条广告的原因、重申了 Criteo 对于用户隐私的重视以及 Wendy 如何临时或者永久禁止 Criteo 公司定向广告的投放等。Criteo 如此人性化的设置,无疑将增加用户对于 Criteo 公司定向广告的好感度。

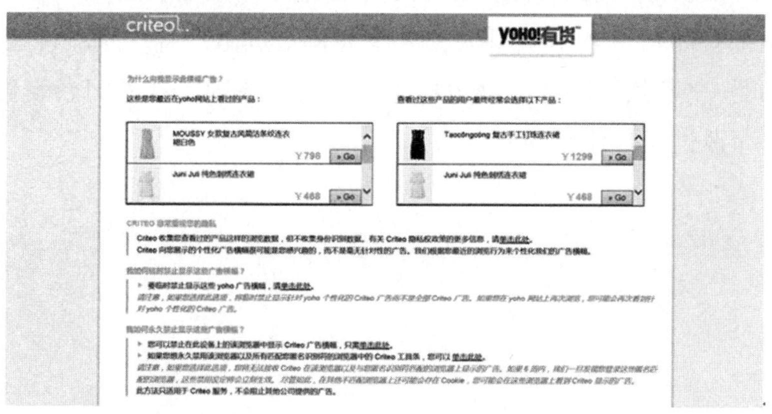

图 4 - 17:Criteo **定向广告公司的"广告开关"**

Google + 的广告投放不仅能够让用户关闭定向广告,还可以让用户控制系统投放哪些类型的广告。用户通过添加兴趣,能够让谷歌提供用户喜闻乐见的广告(见图4-18),在规避隐私风险的同时,为用户增添了乐趣。

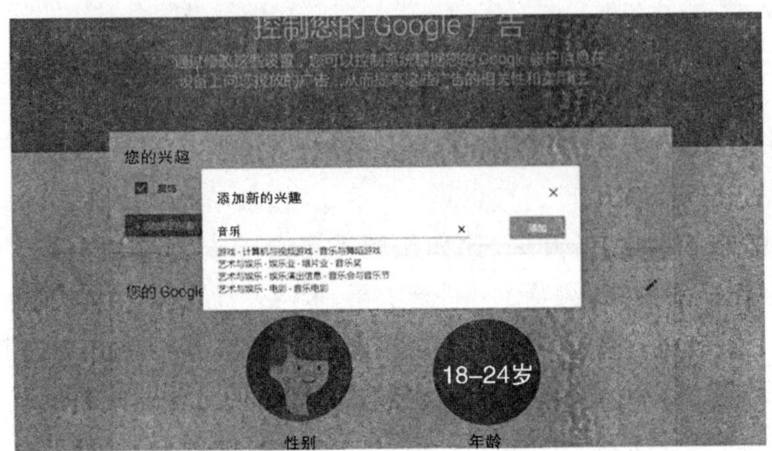

图4-18:用户控制谷歌广告

国内的广告公司设置定向广告开关的较少,阿里妈妈是为数不多推出广告屏蔽功能的数字营销平台,由阿里妈妈投放的展示广告,在广告的右下角都会标有一个叉号,用户点击叉号即可屏蔽广告,屏蔽广告后弹出的页面是一个问卷,调查了解用户屏蔽广告的原因。这种问卷设置也不失为一个改进用户体验的好方法。

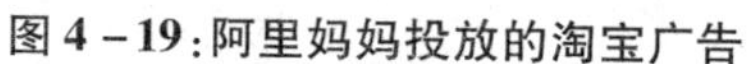
图 4-19:阿里妈妈投放的淘宝广告

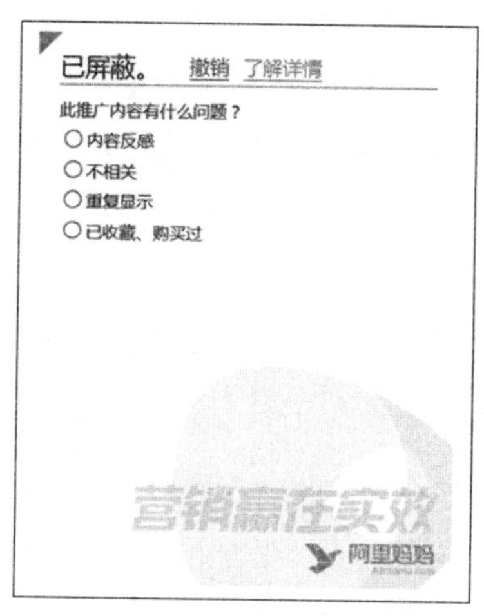

图 4-20:阿里妈妈广告屏蔽功能

三、“精确制导”的应用

案例 4-2:淘宝直通车定向广告

淘宝网直通车定向推广,是淘宝网为淘宝卖家提供的一项定向广告服务,淘宝卖家可以利用淘宝庞大的数据库,通过多维度人群定向技术,锁定目标客户,并将推广信息展示到目标客户浏览的网页上。

淘宝直通车广告目前主要能提供两种方式的定向,一种是智能投放,一种是个性化定向。两者之间的主要区别在于,智能投放由系统帮助卖家进行投放,而个性化定向则由卖家自定义进行投放设置。

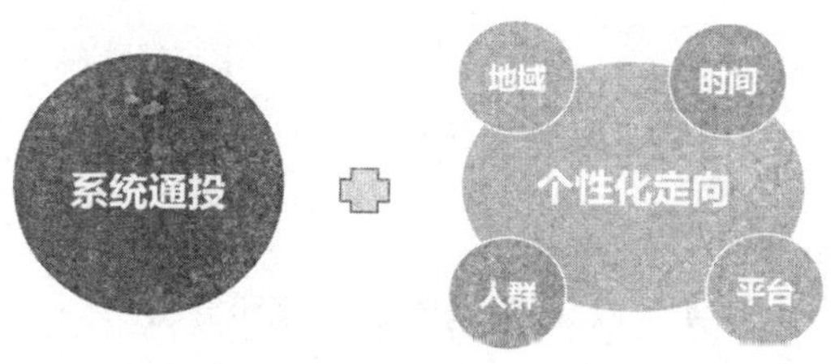

图 4-21:淘宝直通车定向投放方式

1. 智能投放

智能投放只需要淘宝卖家设定好推广宝贝、创意和出价，系统会根据一定的算法自动为卖家进行广告投放。智能投放的算法原理主要包括以下几种：

(1)猜你喜欢

如图 4－22，根据消费者 A 身上的购物标签，匹配相对应的宝贝属性词，向消费者 A 推荐相对应的宝贝。

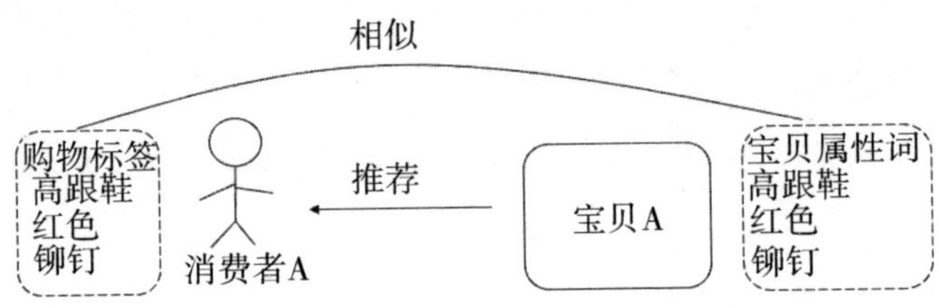

图 4－22："猜你喜欢"原理示意图

(2)相似宝贝

根据消费者已选择宝贝的宝贝属性词，推荐相类似的宝贝。

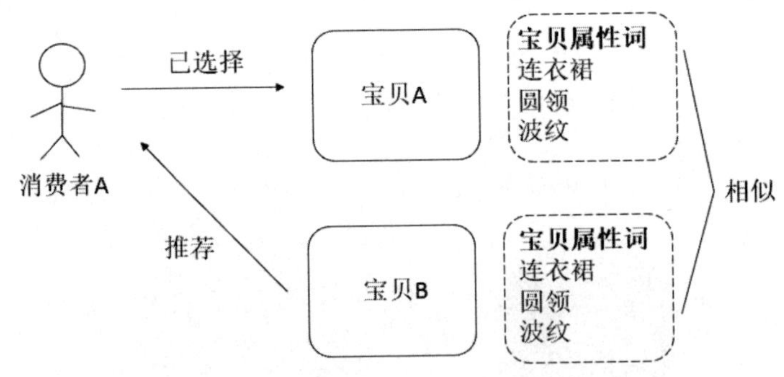

图 4－23："相似宝贝"原理示意图

(3)周边推荐

根据消费者已选择宝贝的宝贝属性词,选择与该商品可搭配类目的宝贝进行推荐。

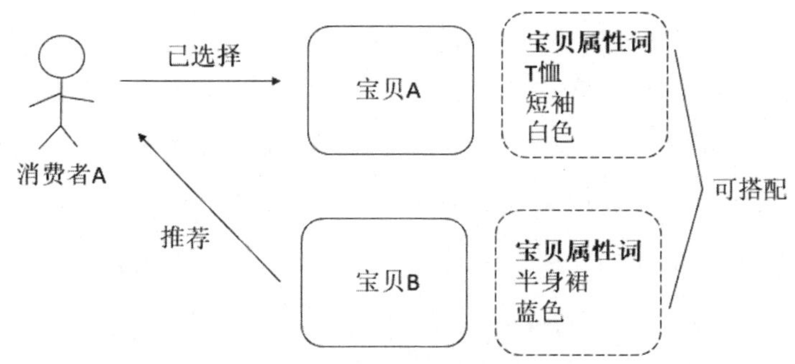

图 4-24:"周边推荐"原理示意图

(4)同好推荐

系统为每一个消费者都打上了人群标签,包括性别、年龄、喜好等等,按人群标签的相似性,将相似度较高的消费者归属为同好,以同好的兴趣商品进行推荐。

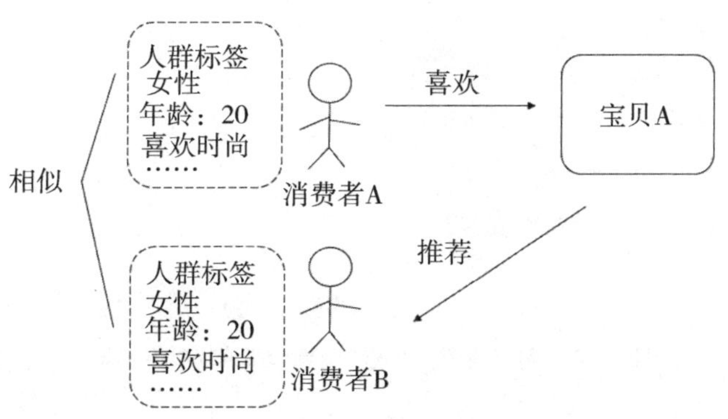

图 4-25:"同好推荐"原理示意图

2. 个性化定向

个性化定向允许卖家根据自身商品的特点,进行自定义的广告投放设置。目前直通车系统主要包括四大类定向服务,分别是投放地域定向、投放时间定向、投放平台定向以及投放人群定向。

(1)投放地域定向

如下图所示,直通车广告的后台可以对各个地区、省市进行选择性的投放。对于中小淘宝卖家而言,地域的选择具有重要影响,能够大幅度节省广告开支。例如,淘宝某义乌女鞋店在广告投放中,由于台湾、香港、澳门、国外的运费较高,所以放弃了对这些地区的广告投放。此外,由于江浙沪一带的同类厂家过多,竞争激烈,因此也不在这些地区进行广告投放。而在淘宝指数①搜索“女鞋”可以看到在半年内对女鞋喜爱度的省份以及城市排名(见图4-26),根据排名该卖家可以加大对“女鞋”喜爱度较高的地区投放广告。此外,在广告投放一定时间后,淘宝卖家可以根据已有的销售记录选择销量较好的地区进行广告投放,提高广告的精准度。

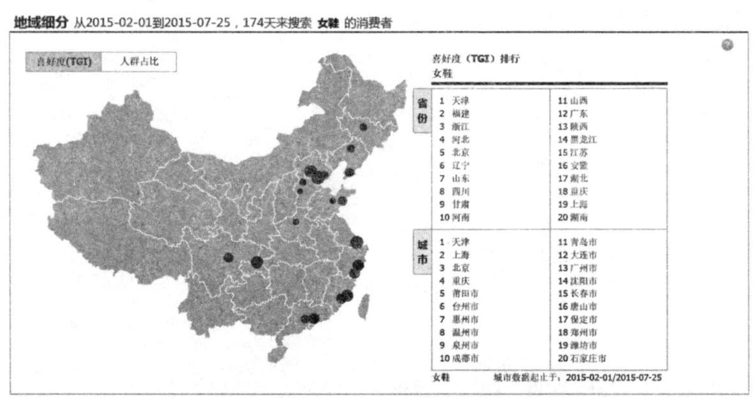

图4-26:淘宝指数“女鞋”消费者喜好度地域排行

---

① 淘宝指数是淘宝官方免费的数据分享平台,通过该平台,用户可以获取淘宝购物数据,了解淘宝购物趋势。

图 4－27：投放地域设置

(2)投放时间定向

时间定向也是淘宝直通车定向投放的一种重要方式。全日制的投放往往造成流量浪费,淘宝卖家可以通过时间定向将广告集中投放在销量较好的时间段。在淘宝卖家尚未掌握最佳投放时段之前,直通车系统内为淘宝卖家提供了行业模板,行业模板总结同类行业的投放时间规律,卖家可以直接应用。此外,卖家也可以配合店铺活动,在活动期间增大广告投放力度。

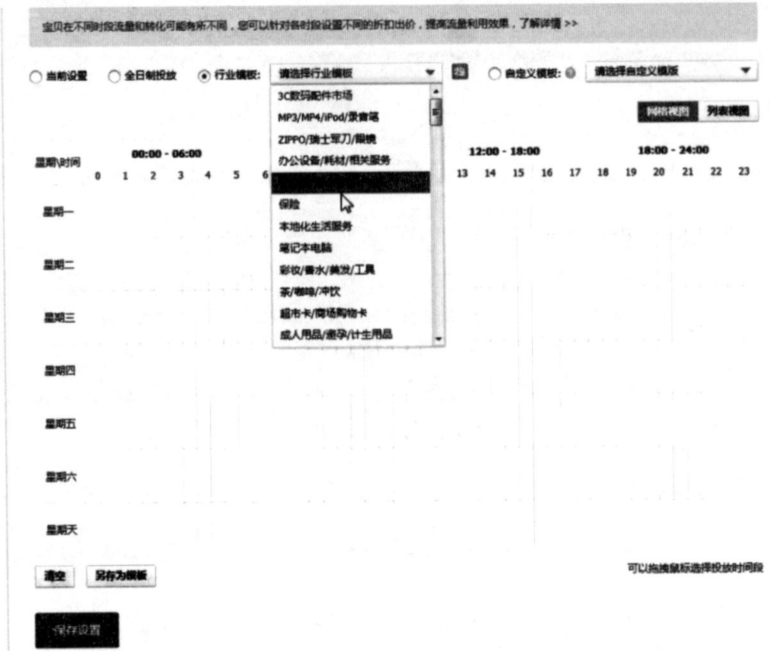

图 4 – 28：投放时间设置

(3)投放平台定向

投放平台的设置分为两个维度：计算机设备和移动设备、站内和站外。站内即淘宝网站内的广告位，目前淘宝网向定向广告开放的广告位主要是旺旺焦点图、我的淘宝 – 已买到的宝贝、收藏列表页、我的淘宝物流推广页，站外广告投放则主要为与阿里妈妈对接的多家网站(包括个人站点、导购分享网站、入口型媒体、垂直网站、门户视频等)。

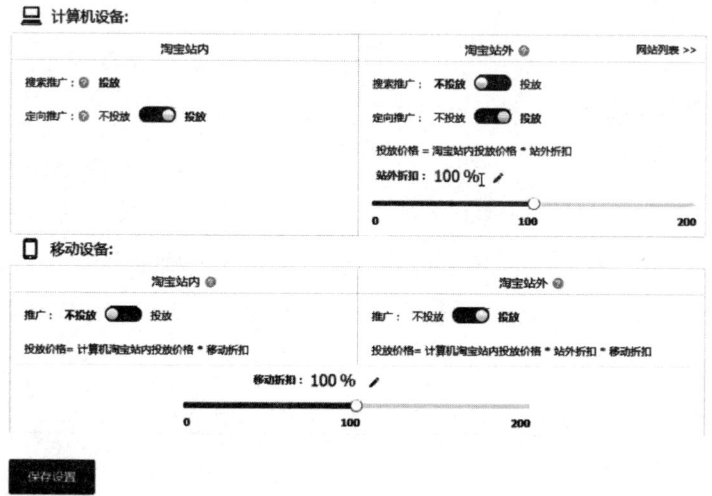

图 4-29:投放平台设置

(4)投放人群定向

直通车系统内投放人群的定向包括优质访客人群、自定义访客。优质访客人群类似重定向功能,锁定了与商品高度关联的 5 类访客人群进行投放(见图 4-30)。自定义访客人群使卖家可以自主的限定投放人群,包括年龄、性别、类目、日均消费额度、天气等定向方式。

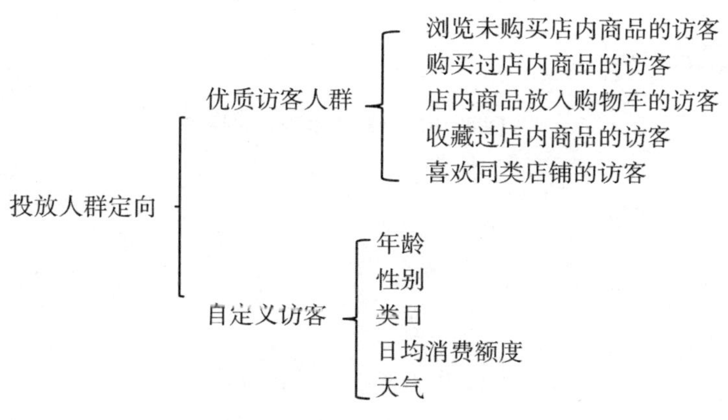

图 4-30:投放人群定向设置

其中,类目定向目前包含了8个类目:女装/女士精品、男装、玩具/模型/动漫/早教/益智、童装/亲子装、尿片/洗护/喂哺/推车床、童鞋/亲子鞋、奶粉/辅食/营养品/零食、汽车/用品/配件/改装。每个类目下又细分了多个垂直化标签。以女装、男装类目为例,女装类目项下的垂直化标签包括英伦、街头、淑女等十多个标签,男装类目项下则包括青春活力、精致韩风、潮等标签。卖家可以根据自身商品的特色进行匹配,精准定位到目标人群。

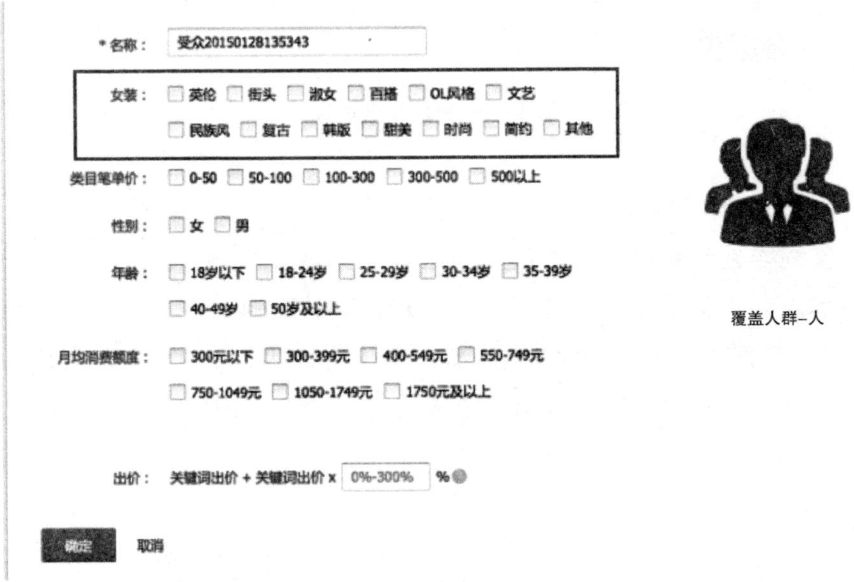

图4-31:女装类目垂直化标签

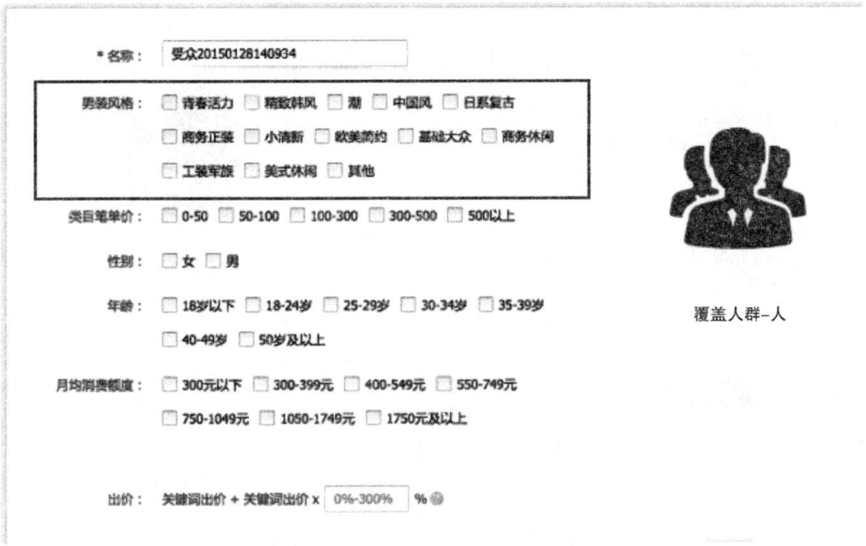

图 4－32:男装类目垂直化标签

天气定向也是直通车提供给淘宝卖家的一种独特的定向方式,包括温度、天气现象、空气质量 3 个选项,这里的天气指的是投放人群所在地的天气。天气定向使用在某些与天气紧密关联的特定商品上,广告投放效果将明显提高。我国横跨纬度、经度较广,地势复杂,各地的天气差异较大,以女装店铺为例,可以根据商品布料的厚薄程度,选择适温的地区投放相对应的女装广告。同时,创意物料也可以围绕投放地的天气进行定制化的设计, 在炎热的高温配女夏装的图片,附上清凉透气舒适等文字推广信息。

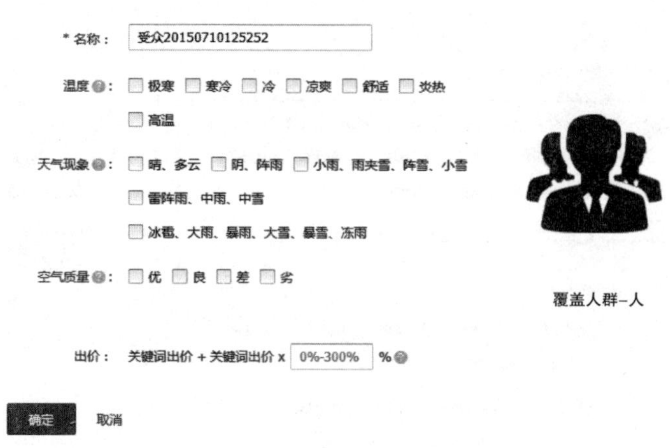

图 4-33：天气定向人群设置

案例 4-3：Facebook 广告定向系统

Facebook 成立于 2004 年，发展至今已成为全球最大的社交网站。Facebook 在 2015 年第一季度的财报显示，Facebook 在全球的月活跃用户量达到 14.4 亿，其中 12.5 亿用户通过移动设备使用该服务。市场研究公司 eMarketer 此前发布的研究报告显示，2014 年 Facebook 占在线广告总市场份额以及移动广告总市场份额将分别达到 7.75% 和 18.5%。

早在 2007 年，Facebook 就计划开发广告投放系统，而该系统发展至今已经拥有了上百个定向选择。这上百个定向选择可以归纳为 8 个方面（见图 4-34），分别是地区、年龄、性别、语言、兴趣、行为、更多类别以及关系。

地区选项可以精准到国家/地区、州/省、市，将广告投向特定的区域；年龄选项的范围由 13 岁一直到 65 岁；除了年龄、性别、语言等之外，想要对人口统计特征做更进一步的定位可以点击“更多定位条件”选项，该选项包括了感情状况、学历、工作、住房、族裔、世代、父母、政治（美国）、生活纪律等，每一个类目下，又有更细致的分类，比如感情状况包括了性取向和感情状况等。

兴趣选项的数据主要来自于 Facebook 用户在线分享的兴趣、使用的应用、点赞的主页,以及在 Facebook 网站内外的其他活动。兴趣选项主要包含了 9 大类,分别是健身与养生、商业和工业、娱乐、家人与婚姻状况、爱好和活动、科技、购物和时尚、运动和户外运动、食物和饮料。每一大类的选项下做了更进一步的划分,比如健身选项几乎网罗了该兴趣选项下的所有运动,不仅仅包括常规健身运动,还包括尊巴、负重运动、静坐等等。

行为选项的数据不仅仅来自于用户在 Facebook 的线上活动,同时也囊括了 Facebook 第三方合作伙伴 Acxiom、Datalogix 和 Epsilon 提供的线下活动数据,能够完整地追踪消费者的行为。行为选项包括季节性事件和活动、旅游、海外旅居者、移动设备用户、线上活动等选项,对人群按照行为进行各个维度的划分、聚类。比如线上活动选项下,人群能够进一步细分为照片上传爱好者、游戏机玩家、活动创建者等等。

在"更多类别"选项里,广告主可以选择诸如受众来自哪个国家等,系统给出了多个选择。

关系选项也是 Facebook 广告定向的一种重要方式,关系定向能够让广告主仅仅选择与自己在 Facebook 的网页上已建立起联系的用户(如过去 30 天内,给广告主的主页点"赞"、加入广告主的活动或使用过广告主应用的用户等)展示广告。此外,利用了 Facebook 作为社交网站的优势,关系定向不仅仅将广告推送给已建立起联系的用户,同时还将广告展示给上述用户的好友,所谓"物以类聚,人以群分",对广告主产品、活动感兴趣的用户,他们的好友同样也可能是目标消费者,好友的喜爱、参与,可能形成口碑效应或者从众心理。此外,在创意物料中配上广告词——"XXX likes this, so why shouldn't you?"往往形成同侪压力,促进购买。

Facebook 与谷歌、苹果、微软等数字广告巨头相比,最大的优势在于海量、活跃的用户社交数据,Facebook 的广告定向系统几乎涵盖了所有的人口统计选项,通过点赞、分享、访问、跟随等用户线上行为并结合合作伙伴的线下数据,能够清晰地描绘出消费者肖像,同时根据用户的社交关系网络，可以让广告找到与消费者相近的人群，实现更广泛的目标消费者覆盖。

设置广告受众

新受众

将了解你业务的人群作为目标受众
你可以创建自定义受众，将广告展示给联系人、网站访客或应用用户。创建自定义受众。

地区 包括 添加国家/地区、州/省、城市、邮编、DMA 或地址
该地区内的所有用户
年龄 18 - 65+
性别 所有 男性 女性
语言 输入语言...
更多定位条件
兴趣 搜索兴趣 建议 浏览
行为 搜索行为 浏览
更多类别 选择类别 浏览
关系 添加关系类型
保存受众

图 **4－34**：Facebook 广告定向系统

四、大数据下“精确制导”的未来

可以确信的是，未来会有更多的媒体、互联网企业挖掘自身累积的用户数据价值，提供“精确制导”服务，而越来越多的广告主也将加大网络定向广告的投放力度，在节省开支的同时提升广告的投放效果。精准广告已经成为媒体和广告主共同选择下不可逆转的营销趋势。

1. 挖掘消费者“个性化”数据的价值

不是所有数据都具有价值，不同类型的数据可挖掘的价值也不同。

比如搜索数据、网购数据的价值要大于浏览数据。事实上,越个性化越能反映消费者需求的数据越具有价值。

在PC时代,人们仅仅只能在办公室、家庭、网吧等固定的几个场景使用电脑,且网上行为也仅限于办公、浏览资讯、游戏等几个简单行为,因此能够收集到的往往是片面的、缺乏个性的数据。而随着移动互联网的快速发展、智能手机和平板的出现,使得用户几乎处于实时在线状态,大量APP的出现在满足了用户交流通讯、休闲娱乐、信息获取、购物交易等各方面的需求的同时,也记录下了用户大量的线上轨迹。由于手机的专属性、APP应用大多推行注册制,累积下来的数据带有较强的个人色彩。而近年来,可穿戴设备的出现,可以说将个性化数据的收集推向了新的高度。例如可穿戴设备对运动和睡眠的监测,能够挖掘使用者的运动模式和睡眠模式,而某些用户喜欢在食用前测量食物的卡路里,这也间接记录了用户的饮食习惯等。可穿戴设备与手机绑定之后还将获取更多的个性化信息。

此外,物联网的到来更是让我们进入了"万物皆可数据化"时代,人与人、人与物、物与物之间的关系能够被完整记录。家中的空调、微波炉、电视、洗衣机、冰箱等设备都在反映有极大价值的个性化信息。这些信息反过来将帮助广告主改进营销策略,制作更具个性化的定向广告。

2. 把握消费者心理

想象一下,当你浏览某一网页时,突然跳出一条广告消息提醒你,"你最爱的那款杜蕾斯产品现在正有折扣活动。"你一定感到既尴尬又恐慌吧。这虽然是个极端的案例,但是现实中许多精准定向广告确实造成消费者的负面情绪。数字创意公司Razorfish在4个国家中开展的一项调查显示,77%的受访者认为手机上的定向广告是对隐私的一种侵犯。分国家来看,结果仍非常接近:美国79%,英国78%,巴西73%,中国76%;"不喜欢看到同一则广告多次出现"的人数比例也与上述类似:美国

77%,英国81%,巴西78%,中国80%。①

此前我们提到精准广告能够通过频次控制、已购买标识技术,来避免打扰消费者,然而,技术手段远远不足以解决这一问题,更重要的在于把握甚至利用消费者心理。

2015年微信朋友圈定向广告的出现,利用了"定向广告+社交"的模式,成功地转移了人们对隐私泄露的恐惧,人们甚至开始期待观看广告。首批推出的朋友圈定向广告包括宝马中国、vivo智能手机和可口可乐3款产品。以宝马中国为例,对该轮的目标消费者做了3方面的定向:首先是操作系统定向,要求用户使用的是iOS系统,即只有苹果手机和iPad用户能够看到广告。其次,是地域定向,要求用户生活在一二线城市,即投放地域限制在北京、上海、广州、深圳等地。最后,是人口统计属性的定向,要求消费者的年龄集中在19-50岁。② 与其他两款品牌的目标消费者相比,宝马中国选定了具备更高消费能力的消费群。3款广告的投放即刻在朋友圈里激起了较高的话题度,刷到"宝马中国"广告的消费者,纷纷截图分享留念,消费者分享、互动的需求得到极大的满足。

3. 抓住消费者购买的关键时刻

北京大学传播学学者陈刚与百度大客户部总经理李丛衫在共同出版的《关键时刻战略》一书中,提出了关键时刻营销的概念。想要抓住消费者的心,和他们建立长久的关系,就要抓住那些在他们生活及消费决策过程中稍纵即逝的关键时刻,采用最适合的形式对消费者施加正向的引导,将消费者需求和企业价值相结合,为消费者提供最佳的解决方案。③

举例来说,Wendy近期有去西藏的旅行计划,她开始在网上大量搜索

---

① Ewan Spence,《移动定向广告?近八成用户认为这是侵犯隐私》,http://3g.forbeschina.com/review/201407/0034073.shtml,2015年6月28日

② 孙铭训,王佑,《宝马"悦"字微信广告花500万元 符合三点你就"中"》,http://www.nbd.com.cn/articles/2015-01-27/893530.html,2015年6月28日

③ 陈刚、李丛衫,《关键时刻战略:激活大数据营销》,中信出版社,2014年1月第1版,第38页

持续关注西藏旅游攻略,以及西藏当地的吃住行等问题,她的消费意图已较为强烈,如果旅游类电子商务网站、航空公司、旅社酒店能够在此阶段适时的推送一些优惠信息,并且提供快捷购买的通道,那么 Wendy 一定感到非常愉快。在预定好西藏的机票和酒店之后,Wendy 最担心的是西藏旅游过程中可能会产生高原反应或者被高海拔下的紫外线晒伤,如果这时候某个电商平台向 Wendy 适时的推送一些抗高原反的保健品,以及防晒霜、雨伞、帽子等防晒用品的广告,那么 Wendy 则很有可能会购买,并且感到非常贴心。

因此,大数据下的消费者"精确制导"不仅仅在于找到目标消费者,更重要的在于抓住消费者购买的关键时刻,让广告适时出现,那么一切就变得自然而然、水到渠成。

第五章

内容策略:程序化创意

精准广告程序化投放(Programmatic)的概念,本质上是利用技术、算法和工具,来规模化地代替广告投放中一些人为的判断、经验和常规,用实时的实证数据来对广告进行检验和判断。尽可能地减少“人”的作用,用市场化竞争机制、程序化技术与算法来减少人的主观性,一直是大数据精准广告生态系统一贯的设计思路。但是在广告业的发展历程中,广告创意一直被认为是最凝结广告人智慧和创新精神的部分,是广告的核心和灵魂,也被认为是重要的、无法被机器取代的部分。那么在大数据精准广告的趋势性引领下,广告的内容在精准广告的发展中处于怎样的地位?广告创意在技术发展过程中将经历怎样的变化,遇到哪些发展契机和新问题?如何认知、探索和解决这些问题,影响着未来整个大数据精准广告产业的发展。

第一节　程序化创意的诞生与发展现状

一、创意引导的传统广告业

广告创意,指的是对如何表现广告主题的构思,是想出好点子的过程。[1] 广告创意伴随着现代广告的产生而出现,并成为小数据时代广告服务中最为核心、最凝结人类表达智慧的部分。通俗地说,通过广告的内容与表现形式,通过新奇、有趣的手法来制造与众不同的效果,最大限度地吸引消费者,让企业品牌与消费者之间形成良好的沟通关系,加深品牌在消费者心中的印象,是传统广告业的重要任务。

对于传统广告业来说,创意具有很强的专业性。其外在表现形式多样,从各种招牌、Logo 的设计,到海报、平面媒体广告,再到各类音频视频的呈现,不一而足。关于"广告的设计和制作",有大量的广告专业人士在研究:如何写好文案、如何"画"好海报、如何拍好广告等,这些都是具有高度"操作性"和"技术性"的工作。从创意的内在来讲,包括的内容就更加的丰富甚至"玄妙",对创意者提出了"领悟"层面的更高的思维要求。例如关于创意的教科书会常常写道:创意的原则包括"冲击性原则、新奇性原则、包蕴性原则、渗透性原则、简单性原则";创新性思维方法包括"垂直思维法、水平思维法、会商思维法"等等。也有研究者认为创意并非不可捉摸,著名的日本广告公司电通曾提出,创意不仅仅是"灵光一现",也是可以学习和培养的,因此他们会定期对员工展开关于创意的培训。从传统广告业的实践来看,广告业的很多关键性的生产流程也是围绕"创意"展开的。例如广告公司要想拿到广告主的订单,就要参加其召开的"招标会",在了解了广告主意图之后,有意向的广告公司要提供自己的解决方案,所有广告公司参加竞标的环节被称为"比稿会",决定着是否可以拿到订单的关键环节就是创意的竞争。

比稿比的是创意,评奖评的是创意,正是由于广告创意本身的独特魅力与关键作用,传统广告业是一个创意导向性的产业,是一个多学科背景融合、科学与艺术融合、具有高挑战性的、智力密集型的产业。美国总统罗斯福的名言"不当总统就当广告人"激励着千千万万的人投身广告业,

---

① 刘志明,倪宁,《广告传播学》,中国人民大学出版社,1991 年 2 月,第 113 页。

广告人一度被认为是最有挑战性、创新性和富有成就感的群体。获得美国艾美奖最佳电视剧奖的《广告狂人》就是传统广告时代广告业繁荣的写照。

二、大数据时代精准广告遭遇“说什么”的问题

通过大数据和各类精准定位技术,精准广告解决了“对谁说”的问题,又通过生态体系的进化和程序性购买的产业流程解决了“在哪儿说”的问题,但“说什么”却似乎没有得到应有的重视。

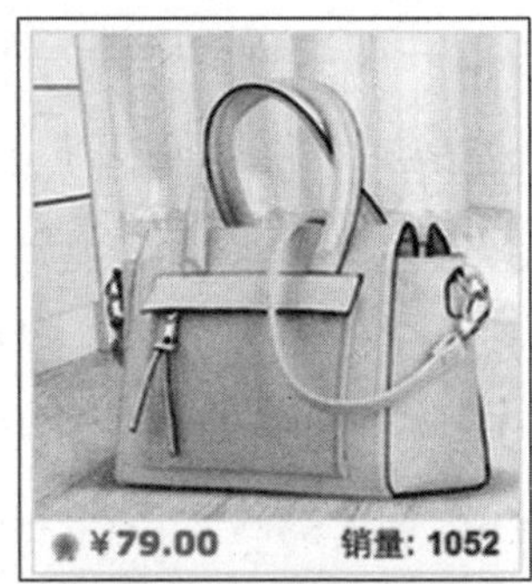

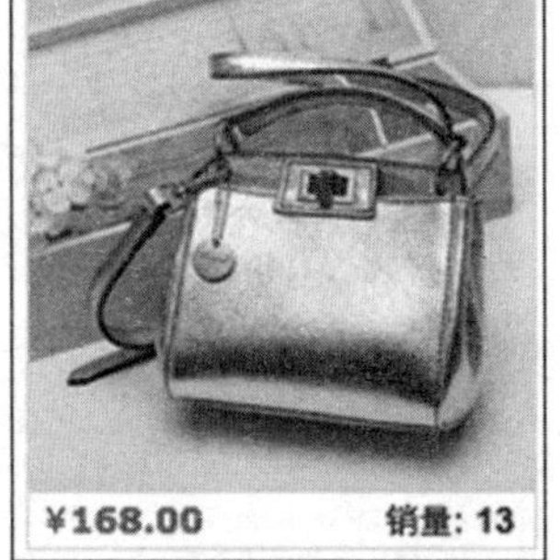

图 5-1:淘宝直通车“女包”广告

在精准广告的投放过程中,广告内容呈现的素材被称为“物料”。目前大多数精准广告不过是在将无创意、无生趣的广告物料推送给特定的消费者。今天人们在网络上,经常可以发现广告信息是“个性化”的,但

其呈现方式却毫无生趣。例如,在淘宝网搜索“女包”一词后,出现在右边栏的产品列表便是淘宝付费广告种类“直通车”广告(如图 5－1)。在前四名中,广告的呈现十分雷同,除了产品本身和浅色背景,基本没有太多的设计元素、互动元素或者个性化元素。这说明,类似淘宝“直通车”的很多程序化广告交易平台还没有把“创意”作为广告的一个必要元素采纳进来。

互联网广告的“创意匮乏症”其实由来已久,业界人士对这个问题通常有以下 3 方面的解释:第一,网络广告无法做到电视广告的生动大气,也无法做到杂志广告的精美靓丽,是因为其创意空间受制于尺寸、格式、制式等多方面的限制,网络广告的创意没有足够施展的空间;第二,与电视广告不同,广告客户不愿意给出足够的广告预算来展开网络广告的创意;第三,很多网络广告的客户是诸如网络商家这样的中小广告主,他们的广告是效果导向型的,其诉求更多的是促进产品的直接销售,因此,精准地找到想要的消费者就足够了,创意对其来说并不是“必需品”。这些看似合理的原因,在今天却很难成立。首先,随着 HTML5 等技术的不断成熟,较好地解决了以往互联网插件技术(如 Flash 技术)使得网络负担加重、网络运行不畅等问题,广告制作者可以非常便捷地添加视频和音频等多格式文件,可以方便地在 PC 和移动终端应用,给消费者提供快速、完整流畅的富媒体体验,方便消费者和品牌进行互动。事实上,技术和网络空间给创意造成的障碍已经不复存在;第二,广告创意一定要“高投入”才能“高产出”吗? 精准广告时代对这个问题的回答显然是否定的;第三,“创意”与“效果导向”并不存在冲突,“创意”并不仅仅为品牌广告主服务,难道“卖东西”不需要“吆喝”的艺术? 大数据时代的精准广告没有理由让人厌恶,观念和态度才是缺乏创意最重要的原因。

美国营销研究机构 eMarketer 2014 年 11 月针对数字营销业者展开的一项调查结果显示:只有 22% 的数字营销从业者“时常”根据消费者数据来调整创意信息,41% 的数字营销从业者“偶尔”这样做,27% 的数字营销从业者“很少”如此，甚至10%的数字营销从业者选择的是“从不”。无独有偶，“我们基本不做创意”，北京一家著名的精准广告DSP公司的负责人在接受我们访谈时也谈到这一点。

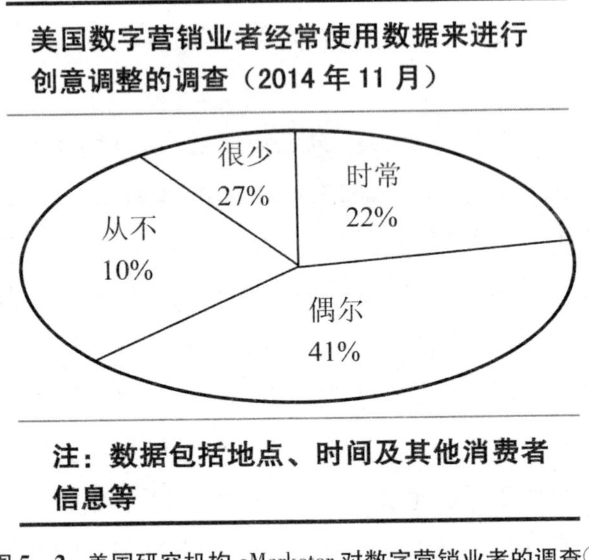

图5-2：美国研究机构eMarketer对数字营销业者的调查①

由此可见，“创意”环节已经成为大数据精准广告的软肋。对比传统广告传播的过程，大数据精准广告强化并完成了消费者精准定位，但缺少的是针对消费者的更加有感染力的沟通，缺乏“直达人心”的力量，这一方面是由于应用大数据展开创意还没有得到广告业者的重视，另一方面传统的创意显然无法满足程序化购买的要求，无法与之相匹配和对接。因此，正在萌芽和不断发展中的“程序化创意”或许是解决问题的一条途径。

① *Programmatic Creative*: *Look to Existing Processes for Guidance*: *Marketers*, *agencies look to evolve creative process to meet demands of programmatic era*, http://www.emarketer.com/Article/Programmatic - Creative - Look - Existing - Processes - Guidance/1012434, 2015年5月5日

三、什么是程序化与个性化的创意

程序化创意是程序化购买时代的广告创意,是程序化购买广告复杂流程中的重要环节。虽然与其他环节相比还处于发展的初级阶段,但目前已经越来越多地得到了数字营销市场的关注和认可。

程序化创意指的是以数据为导向的动态化生成广告内容的过程。它基于一定的程序化创意平台(Programmatic Creative Platform)展开。通过大数据与创意的程序化算法,程序化创意平台能向设计师推荐相关设计素材,如图标、模板、图片、颜色和广告语等,自动生成适合不同消费需求的多版本创意,并能对不同的广告创意进行实时投放筛选,根据这些创意的效果进行动态优化。

目前,纵观全球广告市场,程序化创意仍然处于初始阶段。在程序化购买广告技术最发达的美国,越来越多的程序化购买广告公司开始关注并发展程序化创意;而在中国,专门从事程序化创意的公司仍屈指可数。尽管如此,一些典型个案已经给程序化创意带来诸多亮点和可挖掘之处。

案例 5-1 :GIFERATOR:实时的疯狂 GIF 广告①

2014 年9 月,美国著名体育游戏公司 EA Sports 发布其新的旗舰游戏产品疯狂大联盟 15(Madden NFL 15),公司希望这款旗舰游戏产品能够和年轻的球迷连接在一起,并增强这款游戏与"国家美式橄榄球大联盟(NFL)"这一重大赛事的互动与关联。为了做到这一点,他们与 Google 合作,探索如何通过程序化创意的方式激发游戏过程中用户的热情和骄傲。

① 本案例根据以下文章整理:EA Sports Madden GIFERATOR Taunt your rivals, in real time, https://www.thinkwithgoogle.com/campaigns/ea-sports-madden-giferator.html,2015 年6 月11 日;周本能,《程序化创意,让广告更接地气》,http://www.adexchanger.cn/tech-company/11971.html,2015 年6 月11 日

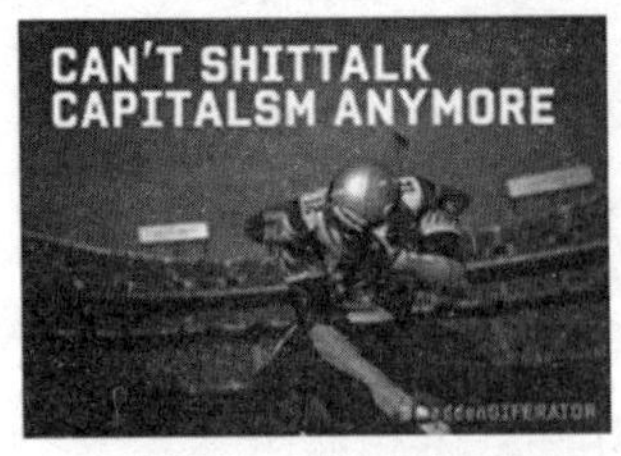

图5-3:通过程序化创意生成的实时广告图片

由于正处于NFL赛季,大数据和程序化创意平台抓取每一场NFL比赛的关键要素:明星的表现、比赛中有趣的故事、比赛的场景等,将这些元素与游戏的图像进行结合,通过程序化创意的技术生成了大量与比赛现场状况结合在一起的GIF格式的动画图片。这套GIF生成系统将画面分为人物画面、动态标题和背景3层,这3层内容都可以根据赛场上的现实情况选择,然后组合成为GIF广告。因此,这些广告GIF的内容跟当时的赛场实况是同步的,包括比分和用时,使得生成的内容非常具有现场性。

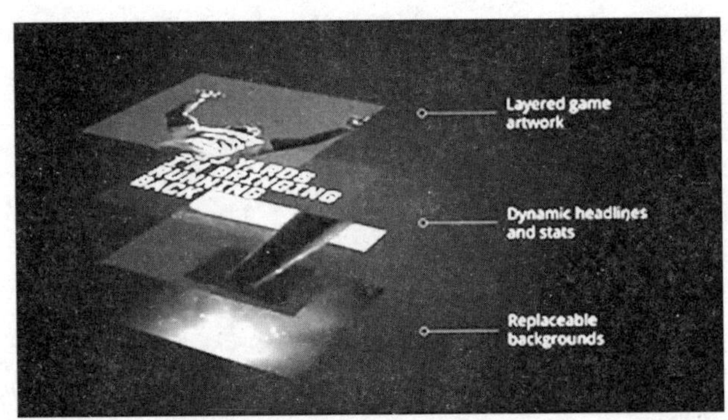

图5-4:GIF动画的生成原理

不仅如此。消费者精准细分技术通过对用户数据的分析,可以辨别用户支持的是哪一个球队,因此就可以把相关球队的内容推送过去。除了通过程序化精准定位和推送个性化创意,这一系列广告还加入了"社交"的元素,把观众也带入了其中。他们建立了giferator. easport. com网站,球迷可以在上面自己选择球员、背景,撰写广告标题,这样每一个游戏玩家和球迷都可以生成属于自己的比赛动画视频,加入自己的评价推送到 MaddenGIFERATOR. com 网站、社交媒体以及整个 Google 展示广告网络中的体育、游戏相关网站上。

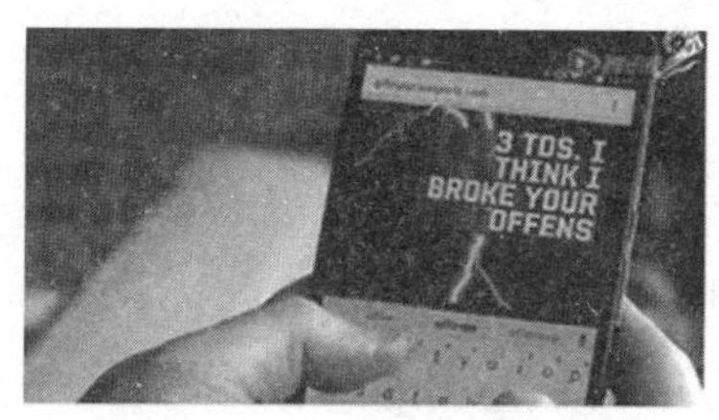

图 5 -5:用户可以自主编辑生成广告

由于 Google 也将这个案例视为是一种对社交媒体 Twitter 和 Facebook 的竞争性回应,因此整个过程使用了几乎“一条龙”式的精准广告技术:以 Google 云平台作为数据和所有体验的基础平台;基于“用户友好细分”的精确定向技术保证了广告内容的个性化和相关性;广告投放平台是 Google Display Network;程序化创意平台是 DoubleClick Rich Media;通过 HTML、CSS 等技术去生成用户友好型的界面、动态内容和图像。

这一系列广告获得了空前的成功,比赛期间实时生成了 2300 多个广告,42 万个 GIF 动画在网络上流传。

通过这个案例,我们不难得出结论:程序化创意平台完全可以实现创意的“大规模”和“实时化”,并更容易将“社交化”“个人化”要素融入其中,这样的程序化创意已经成为精准广告完整产业流程中不可或缺的组成部分。正如美国一家专门从事社交媒体内容整合,并在此基础上建立程序化创意公司 One Spot 的 Matt Cohen 说:“我们通过抓取和分析社交媒体信息的爬虫技术,自动观测客户关注的内容,抓取出大标题、视频、一些细节、图片等信息,通过分析这些信息找到重要的主题、关键词等。然后将这些信息汇总到一个广告工作室,这里与客户可以共同的讨论,并快速生成不同的广告版本。采用程序化创意,会生成不同尺寸的展示广告以及移动广告、社交媒体广告、原生广告等……”。①

第二节 程序化创意的主要特点

通过对传统广告创意和程序化创意的对比可以发现,程序化创意在创意规模、创意速度、广告费用、效果评估、创意推送和后期优化方面都有着巨大的进步。借助程序化创意平台,广告创意和投放操作更为便捷,费用更为低廉,效果评估更为精准,后期优化也更为及时。

一、广告创意快速实现

在广告创意制作阶段,有别于传统人力设计过程,程序化创意能够大量减少设计过程中繁琐、重复的部分,有助于简易、快捷、高效地制作大量广告,从而提高设计师的工作效率。由于互联网媒体资源的丰富性,广告设计师需要面临许多反复和繁琐的设计工作。例如,许多广告活动要求设计师设计出一系列相似的广告,以适应不同平台的投放要求,对于同一则广告来说,电脑平台和移动平台上的广告内容基本相似,都包括了颜色、图标、图片、文本、广告标语等多个元素,但是由于不同平台广告位尺寸大小不同,以及传播模式的不同,面向不同平台的广告成稿往往还要有少许区别,这就增加了广告创意过程中设计师的工作量。程序化创意能让设计师仅通过一次性编辑,便制定出适用于所有尺寸大小的广告内容或设计元素,化繁为简,将设计师从繁复的工作中解放出来。因此,程序

① *Programmatic Creative*: *Look to Existing Processes for Guidance*:*Marketers*, *agencies look to evolve creative process to meet demands of programmatic era*, http://www.emarketer.com/Article/Programmatic - Creative - Look - Existing - Processes - Guidance/1012434, 2015年5月5日

化创意系统非常适用于创建拥有微小区别但却需要进行大规模、大范围投放的系列广告。例如,当国际大型企业需要面向多个国家或地区进行同一个广告活动时,不同地区广告的区别可能只是广告语言或文案的区别,这样的广告需求便会导致成百上千个版本不同、但规格和大小却相同的广告,若采用传统的广告创作方法,设计师的工作量可想而知。但通过程序化创意,就能大批量、高效、快速地制作出不同版本的广告。

网络广告公司 AdReady 曾为一个美国航空公司做过一场个性化创意的广告活动。这场广告活动包含了几百个小型的精准广告活动,每个活动的创意能够关注到某个特定网络用户的需求。航空公司传统的网络广告通常包括如下广告语:“机票 49 美元起”(Fares Starting at ＄49)。当网络用户浏览网页时,大约有 95% 的网络用户看到这则广告,但却对这则广告无动于衷,因为广告内容与用户的需求毫不相关。与此不同的是,通过 AdReady 平台,系统会根据单个网络用户的不同需求投放不同的个性化网络广告。假设你正处于西雅图,想要前往旧金山,系统通过你在网页上留下的数据得到这个信息,那么你所看到的航空公司广告便会包含一张旧金山城市景观的广告图片和前往旧金山的机票票价。

一百个顾客,便会有一百个个性化广告创意组合,但这些广告创意的制作和重组并不需要广告设计师耗费大量时间重复类似的工作。广告设计师只需上传几组关键的设计元素,程序化创意系统便能根据不同用户的需求个性化组合创意素材,并根据反馈的数据进行进一步迭代测试。①

自互联网出现以来,网络世界发展日新月异,用户需求逐渐受到重视,网络广告也因此趋向多样化。依靠人力,传统的广告设计无法做到设计成果的多样化,即使有若干设计版本,却也无法穷尽每个用户的需求。而且,繁琐、反复的设计工作会耗费设计师大量的宝贵时间。程序化创意系统的出现正好能为设计师“减负”,让广告设计师将宝贵的时间和精力

① John Dorais, *Creative Personalization with AdReady*, http://www.cpxi.com/creative-personalization-with-adready/,2015 年 5 月 18 日

投入到关键设计素材的设计之上，而不浪费于重复劳动之中。

同时，程序化创意能动态地挑选广告模板，推荐最适合广告设计要求的各种素材，以实现优化广告投放效果的目的。通过提前导入的广告模板和输入的基本数据，程序化创意能借助算法自动化生成广告，并推荐最符合该广告要求的各种设计元素，如图标、颜色、文本等，然后再由设计师决定是否需要直接采用该设计，或是对所推荐的广告进行进一步修改。设计师能提前设计好一系列优秀的广告模板，并将其导入程序化创意系统，以确保最终广告呈现的质量。

移动 DSP 平台 Domob 曾与程序化创意广告平台筷子科技合作为手游"暴打魏蜀吴"投放程序化创意广告。在广告创意制作阶段，筷子科技收到了 4 个广告原始素材文件，在 25 分钟以内完成对设计素材的分析、两种创意模板的提炼以及创意素材的拆分重组 3 个步骤，最终将素材导入程序化创意平台，瞬间便可得到 3840 个智能创意组合。①

2015 年，筷子科技与台湾重定向服务商宇汇（Bridgewell）合作，推出了"筷销橱窗"。"在筷销橱窗的测试期间，筷子科技的创意工程师针对宇汇的两个电商客户在短时间内开发了 160 多套橱窗样式，覆盖了几十种尺寸。"②

在信息时代，生产力发展解放人类劳动的例子屡见不鲜。借助算法和技术，程序化创意大大简化了广告设计师的工作。同时，程序化创意还有利于营销团队的工作。由于所有设计素材都已上传至程序化创意系统平台，营销团队毋需掌握大量的广告设计知识便能在营销期间利用该平台随机生成各类广告，尝试拥有不同创意组合的广告版本，了解不同版本广告的营销效果，进而不断优化。如图 5 - 6，借助程序化创意系统，市场

---

① 《新手游激活成本降低 70%》，http://www.kuaizitech.com/cases_detail_7.html，2015 年 5 月 18 日

② 《超市品牌堆头灵感 + 程序化创意，电商橱窗新玩法》，http://www.kuaizitech.com/cases_detail_9.html，2015 年 5 月 18 日

营销者可以便捷地对不同版本的广告语和广告图片进行测试,以了解广告投放的实际效果。

图5-6:程序化创意系统生成的不同广告设计方案①

二、创意实时评估

大数据时代赋予了市场营销者观察消费者行为和评估营销活动效果的能力,是一个"大测量"时代。传统广告遭遇的难以测量的尴尬,在大数据时代迎刃而解。通过数据,营销者能够清晰地了解到广告产生的效果,例如:某则广告投放时间内有多少人看到了广告,带来了多少点击量和注册人数,又有多少跳出率等,都一目了然。根据营销目标和获得的数据,营销者能够很好地分析一次营销活动的成效如何。不仅如此,大数据技术还为市场营销者和设计师分析创意提供数据支持,帮助他们了解网络用户对创意组合的反应。例如:利用程序化创意系统,分离测试和多变量测试实现起来更加简单。"奥美广告公司的团队曾为在线证券交易商TD Ameritrade(TDA)测试了每个用词、每种颜色、每个设计元素,了解它们是否能给公司带来更多的客户。结果证明,只需将客户注册界面的用语由'现在在线使用'变为'开始吧',并且将客户启动的点击按钮颜色由

① Rob Lennon, *What is Programmatic Creative*? http://www.paperg.com/blog/what-is-programmatic-creative/,2014年12月15日

橙色变为绿色,开户的人数就会出现明显增长。”①目前程序化创意的效果测试主要有以下两种方法:

1. 分离测试(A/B 测试)

分离测试,习惯被称为 A/B 测试,是测试不同版本的内容产品效果的一种方法。其思路非常简单,就是将两种不同的创意产品在几乎完全相同的情境下进行比较,找出更好的创意内容。最初,广告主曾要求将拥有相同广告目的但不同版本的直邮广告邮寄至测试对象家中,以测量直邮广告的回复率。根据测试结果,品牌广告主将会参照获得高回复率的版本进行修改和微调,并根据需要再次进行分离测试,直到获得满意效果为止。在传统媒体时代,由于传播技术和交通运输的限制,分离测试的过程一般需要几个月,甚至是一两年才能完成。后来,分离测试也成为网站优化的一种方法,主要是将一组拥有两种版本的网页内容分别在一个控制组和一个对比组内进行比较。随着科技的进步,此时网站开发者可以通过编程代码和后台程序时刻监控分离测试的进程和效果,并能在几分钟内进行微调。

案例 5-2:BarackObama.com 的 A/B 测试②

2012 年的美国大选,奥巴马击败罗姆尼,成功连任美国总统。奥巴马的成功连任,与其竞选团队对社交网站和大数据的应用和分析密不可分。作为竞选人,奥巴马拥有自己的独立官网 BarackObama.com。该网站主要有以下两大用途:为竞选宣传和筹款。如果筹款不成功,奥巴马的连任将面临重大危机。奥巴马最终筹得了 11 亿美元,战胜了罗姆尼(10 亿美元),仅仅其独立官网 BarackObama.com 在 6 个月内就筹得了 2.5 亿

---

① (美)麦德奇、保罗 B. 布朗著,王维丹译,《数据营销:定位客户》,机械工业出版社,2014 年 1 月,第 5 页

② Kyle Rush, *Meet the Obama campaign's $250 million fundraising platform*, http://kylerush.net/blog/meet-the-obama-campaigns-250-million-fundraising-platform/, 2015 年 3 月 1 日

美元,捐款转换率为24%,换句话说,平均大约每4个访问者,就有1人捐款。如此辉煌的成绩,是与其网站良好的外观设计和用户体验密切相关的。为了优化网站上的各种细节,网站设计团队对网站页面上的细节进行了高达240次的A/B测试。在经过多次迭代和微调之后,网站的捐款率较原先版本提高了49%,如图5-7。

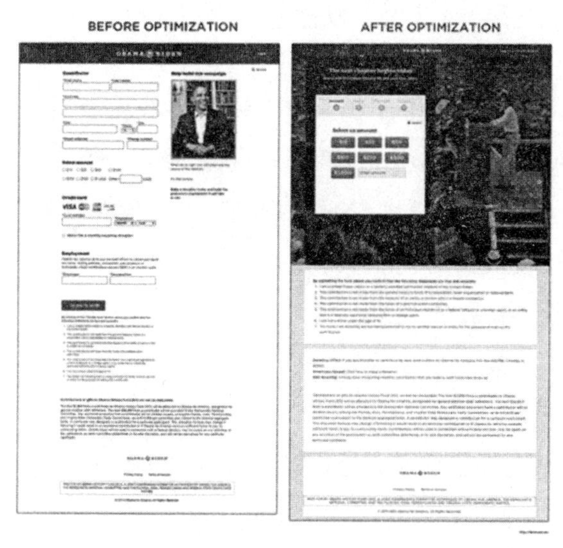

图5-7: BarackObama.com **募捐页面** A/B **测试优化前后对比**

在互联网发展的初始阶段,网站开发者想要对网站进行分离测试是十分困难的。然而如今,随着互联网技术的快速发展,分离测试的实现越来越容易,因此许多与互联网相关的领域或行业也开始利用这项技术,用以了解用户的需求。在广告营销界,分离测试也成为程序化创意追踪、测量和调整广告内容的"有力武器"。

案例5-3:Facebook公共主页"Chinese Culture"的运营试验与分离测试

为了研究Facebook精准广告系统,我们在2013年11月1日注册了Facebook公共主页"Chinese Culture",并对该主页进行了为期一个月的运营。这个公共主页主要目的是在宣传中国文化的基础上为一个专门售卖“中国古代风”饰品的 eBay 商店做推广。

在此期间,研究小组共发布或转载了 76 条“状态”,内容包括中国美食、历史故事、民族时尚以及互动内容等,以激发用户对中国文化的兴趣和关注。在公共主页创建的初期,我们主要着眼于内容建设,投入大量时间打造优质的主页内容,并依靠自然传播的方式获得少数“赞”(45 个)。然而,由于在初始阶段(11 月 1 日至 11 月 24 日)公共主页的关注用户基数较小,难以形成较大的影响力。为了提高公共主页的关注度,在 11 月 25 日至 11 月 30 日期间,我们利用 Facebook 的广告系统为该公共主页投放了两种类型的广告:新鲜事(News Feed)广告和右边栏(Right Column)广告。尽管广告投放的时间很短,但是它却为公共主页带来了大量关注,6 天时间内为主页带来了 183 个用户的“赞”,为公共主页和该 eBay 商店的进一步推广和发展奠定了基础。

(1)公共主页“Chinese Culture”的整体传播效果

图 5－8 和图 5－9 分别是 2013 年 11 月 22 日至 12 月 4 日期间,Facebook 公共主页 Chinese Culture 的内容所覆盖的人数以及赞、评论和分享的总体性数据。图 5－8 使用了两种不同颜色的面积图反映自然状态和广告推广覆盖人群数量的区别,从中可以看到广告投放的效果明显;图 5－9 运用了拥有三种不同颜色的折线统计图反映了“赞”“评论”“分享”3 种不同数据的变化情况。

图 5－10 是公共主页传播效果的明细图,详细呈现了每一个帖子的“发布时间”“类型”“目标受众定位”“覆盖人群”“参与互动”“推广”的详细情况。例如,3 种直方图反映出每个帖子分别覆盖的人数、点击数量以及获得赞、分享和评论的数量。通过这些明晰的图表,广告营销人员可以更好地去分析解释“什么样的帖子更容易获得更多的互动”“什么样的时间发布效果更好”等问题。例如:通过分析图 5－10 中 7 个帖子获得的数据可以发现,在下午或晚间发布的帖子覆盖人数和得到的互动数量要

比早间发布的帖子高;原创性的帖子要比非原创性帖子获得的互动人气高。

这些明细而美观的数据直观反映出该主页所发帖子的总体情况,有助于广告营销人员切实了解营销效果,有助于从纵向、横向等多个维度分析营销活动的效果,告诉营销人员哪些文章获得了更多的关注,广告投放之前和之后有什么不同的效果。

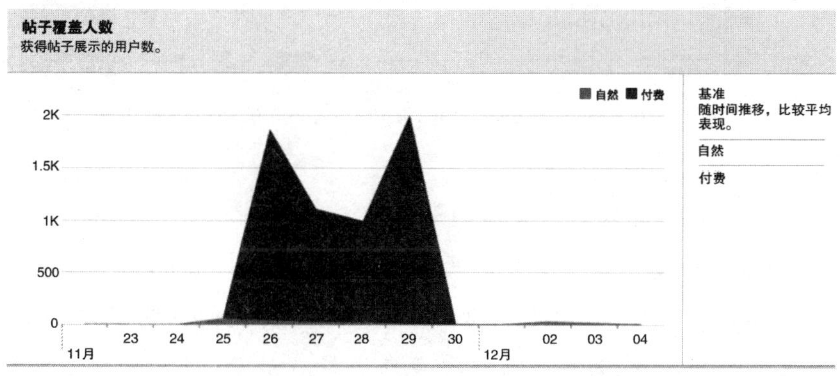

图 5-8:Facebook 公共主页 Chinese Culture 的洞察数据 1

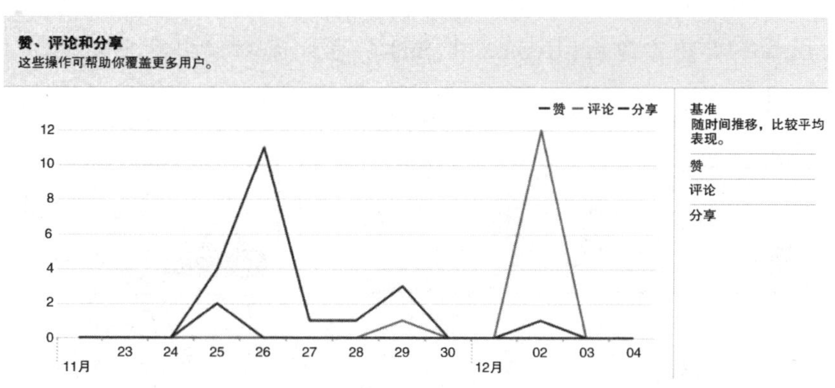

图 5-9:Facebook 公共主页 Chinese Culture 的洞察数据 2

覆盖人数：自然覆盖 / 付费覆盖　帖子点击量　赞、评论和分享

发布于	帖子	类型	目标受众定位	覆盖人数	参与互动	推广
2015-5-3 上午 10:18	Chinese Culture 的封面照片			9	0 0	速推帖子
2015-5-3 上午 9:28	Chinese Culture 分享了 Discover China 的帖子			8	0 1	速推帖子
2015-5-3 上午 9:26	Good morning! Finally we come back! It's 9.00 am in China. :D We will share a			26	4 1	速推帖子
2013-12-8 下午 11:03	Good evening! Do you have a great dinner tonight? Here is a delicious food in Hong			40	42 2	速推帖子
2013-11-28 下午 9:36	Do you like handicraft? As we have introduced many fashionable stuff related to			61	60 16	速推帖子
2013-11-28 下午 1:30	Do you like Jay Chou, a famous singer in Taiwan? He sang a very Chinese style song			30	2 0	速推帖子
2013-11-28 下午 12:30	blue and white china is very beautiful and elegant as we can see before. But do you			41	16 1	速推帖子

图 5－10：Facebook 公共主页 Chinese Culture 的洞察数据 3

（2）对不同广告创意的分离测试

Facebook 付费广告主要分为两种：新鲜事（News Feed）广告和右边栏（Right Column）广告，都可进行分离测试。首先，我们制定了广告目标："提高主页的知名度，为主页获得更多点击量。"然后，我们分别在新鲜事（News Feed）和右边栏（Right Column）广告上进行了 6 个不同版本广告图片的分离测试和广告效果评估。

图 5－11 是右边栏（Right Column）广告分离测试中 6 个不同版本的广告图片。

图 5-11:Facebook **右边栏**(Right Column)**广告分离测试的 6 个版本**

经过 6 天时间的投放,我们获得了表 5-1 的数据。

	Website Clicks	Per Website Click Cost	Total Reach	Clicks	CTR	Avg. Price (Optimized CPM)
Picture 1	3	HK $1.93	6282	3	0.03%	HK $0.63
Picture 2	1	HK $2.88	3544	1	0.02%	HK $0.60
Picture 3	1	HK $2.25	2841	1	0.03%	HK $0.61
Picture 4	13	HK $1.53	13993	13	0.04%	HK $0.60
Picture 5	2	HK $1.77	4161	2	0.03%	HK $0.61
Picture 6	1	HK $3.11	3492	1	0.02%	HK $0.62

表 5-1:Facebook **右边栏**(Right Column)**广告图片分离测试数据**

通过表 5-1 的数据可知,4 号图片在 6 天中获得了最高点击量 13 次①,每点击成本最低,广告点击率(CTR,Click Through Rate)最高,因此可以得出,4 号图片在右边栏(Right Column)广告中的广告效果最佳。

同时,我们也利用同样的 6 幅图片对新鲜事(News Feed)广告进行了分离测试,如图 5-12 所示。

① 点击右边栏(Right Column)广告后,页面将直接跳转至公共主页,因此对于该类型广告而言,网站点击量等于广告点击量。

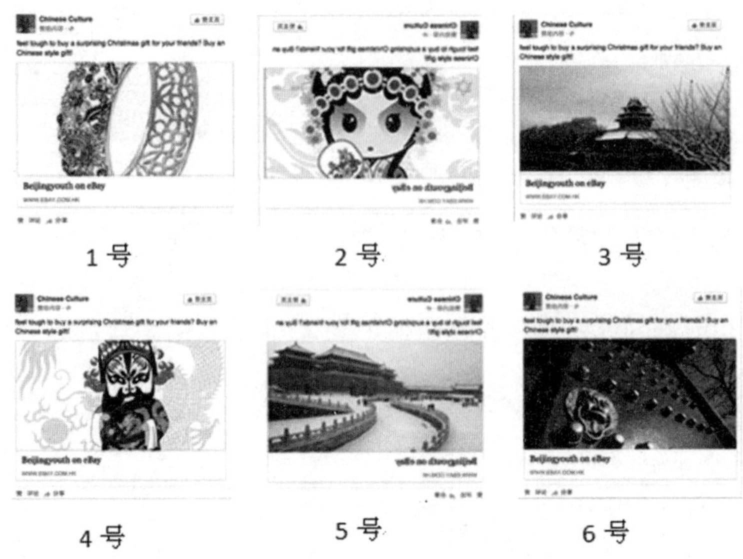

图 5－12：Facebook **新鲜事**(News Feed)**广告分离测试的 6 个版本**

经过 6 天时间的投放，我们获得了表 5－2 的数据。

	Website Clicks	Per Website Click Cost	Total Reach	Clicks	CTR	Avg. Price (Optimized CPM)
Picture 1	21	HK $4.63	3549	54	1.49%	HK $26.79
Picture 2	2	HK $10.34	687	9	1.30%	HK $29.80
Picture 3	0	HK $0	321	3	0.93%	HK $26.12
Picture 4	1	HK $2.67	102	1	0.97%	HK $25.92
Picture 5	3	HK $8.64	592	9	1.51%	HK $43.55
Picture 6	0	HK $0	291	3	1.03%	HK $26.19

表 5－2：Facebook **新鲜事**(News Feed)**广告图片分离测试数据**

令人意外的是，与右边栏(Right Column)广告不同的是，在新鲜事(News Feed)广告中，1 号图片获得的广告点击量最多，达到 54 次；公共主页点击量也位居第 1，远超其余图片；每点击成本偏低，位于倒数第 2 位；广告点击率(CTR，Click Through Rate)偏高，位于第 2 位。因此可以得出，1 号图片在新鲜事(News Feed)广告中的广告效果最佳。

当然由于我们这个试验的投放时间短，数据量有限，得出的结果未必是最为准确的，但却可以看出，分离试验可以针对不同创意给出非常具体而确凿的评价。

根据数据,广告主可以进一步将在上一轮测试中广告效果好的一组作为控制组,对其他设计元素,例如广告标题、广告文案等,进行进一步迭代测试,不断完善广告设计细节,进而优化广告投放效果。

2. 多变量测试(Multivariate Testing)

尽管分离测试(A/B 测试)能够帮助品牌广告主更好地完善网页,提升广告效果,但该测试每轮仅能测试一组变量。随着技术的发展,多变量测试(Multivariate Testing)从分离测试(A/B 测试)中延伸出来,让每一轮测试检验多组变量成为可能。

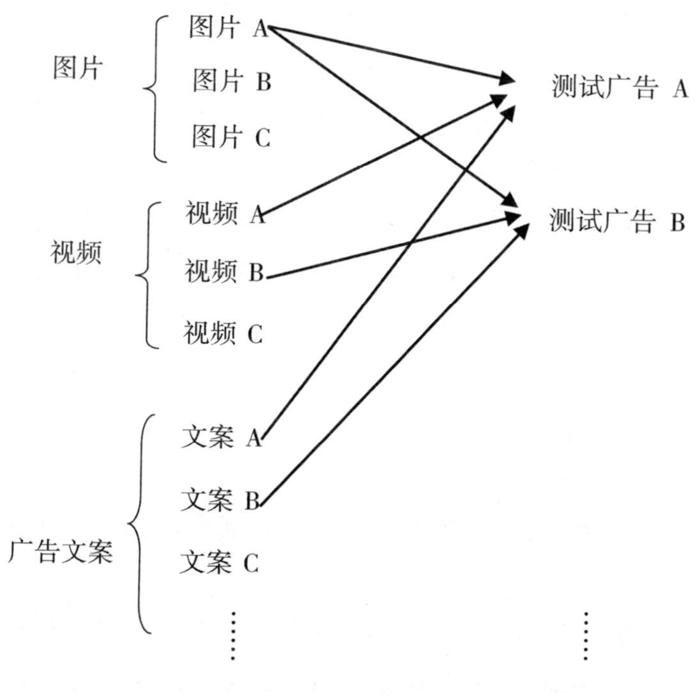

图 5-13:多变量测试示意图

如图 5-13 所示,多变量测试的工作的原理为:首先将创意素材中的图片、视频、文案、动画等不同创意元素进行多要素排列组合，从而形成不同版本的广告，然后对这些不同版本的广告进行测试。由于广告主的目标不同，测试的指标也可以有针对性地设置。例如，既可以设定“点击率”“订单转化率”这些与销售相关的测试指标，也可以设定“转发率”“点赞量”“视频观看量”等与消费者参与和互动相关的指标。一旦创意的要素和测试的标准都设定之后，程序化创意平台就可以通过算法对每一个不同版本的广告展开分析。同时，与多变量测试联系在一起的是多变量优化，优化算法会自动选择那些表现更好的要素，而摒弃那些效果不好的要素，从而找到效果最好的广告创意。

总之，分离测试和多变量测试思路简单明了，传统时代的广告也在不断进行此类测试，但是通过程序化创意平台系统降低了分离测试和多变量测试的成本，大大提升了测试的效率。同时，消费者每次对广告的反馈，都将成为程序化创意系统的重要数据，由此形成“滚雪球”效应，不断提高程序化创意的准确度，修改并最终完善广告创意过程。在传统的分离测试和多变量测试后，营销者需要对测试结果进行总结和分析，需要做出优化的决定和方案，导致优化的时间一定是滞后的。程序化创意系统却能很好地解决这个问题，在程序化创意平台上，所有的数据统计、分析、总结和优化决定都是实时发生的，这不仅解决了优化决定时间滞后的问题，而且也解放了人们的劳动。

程序化创意是可测量的创意，是有反馈的创意，是能优化的创意。拥有大数据支撑，效果可视化，是程序化创意有别于传统广告创意的重要特点。

程序化购买广告出现以后，技术的发展为评估广告效果提供了客观条件。后台的“仪表盘”能清晰地显示包括点击量、浏览量、转化率、跳出率等一系列与广告目标受众行为相关的数据。程序化创意系统还能通过快速重组广告创意并对广告创意组合进行测试来获取广告创意的实际效果，这是广告程序化和数据化的又一大好处。通过机器反馈得到的数据，程序化创意系统能够进行“总结学习”,进一步对广告创意进行优化,从而再次提高广告投放效果。同时,广告设计团队和营销团队也能对广告创意的实际投放效果进行深入了解,更加清晰地了解市场的真正需求和变化,并应用于之后的设计工作之中。

三、操作便捷

程序化创意大大简化了广告设计的过程,在保留设计师设计精髓的同时,除去了一些不必要的重复劳动,让广告设计过程的操作变得更为便捷。

传统广告设计和投放的过程非常复杂,一幅促销海报的设计通常要经过前期调研、确立主题、理念构想、头脑风暴、实施设计和后期完善等若干步骤,需要耗费设计师大量的精力和时间。若是加上各种后期市场测试和优化,其复杂性更是难以估计。通常来说,限于人力的有限,广告的最终成稿只有一到两个版本。在提交成稿前,广告设计师需要对广告创意进行反复修改、斟酌,直至品牌广告主满意为止。在广告设计后期阶段,根据品牌广告主的建议,广告设计师还需要进行大量重复、繁琐的工作。进入互联网时代,网络广告媒体资源异常丰富,虽然各式各样的广告位为品牌广告主带来了更多宣传的机会,丰富了网络用户的视野,但是却给广告设计师带来了不少困难。为了适应不同大小广告位的要求,广告设计师有时需要重复多次相似的设计工作,其内容无非是改变一下各个设计元素的大小和位置。越是知名的品牌广告主,投放的广告位越多,设计师的这种重复劳动也就越多。

程序化创意过程大大增强了操作的便捷性。在设计师的掌控之下,系统借助算法和技术,快速重组广告创意元素,产生大量广告创意组合,减少了其中不必要的重复设计工作,解放了设计师。例如:“暴打魏蜀吴”手游项目在 30 分钟以内产生了 3840 个创意组合,这在非程序化创意时代是难以想象的。

四、价格平民化

广告费用一直是品牌的主要支出之一。在传统媒体时代，知名媒体的广告投放费用令中小型品牌广告主望而却步。每年定期召开的中央电视台广告招标一直被称作“豪门盛宴”，品牌广告主不仅需要耗巨资购买黄金广告资源，而且还需要花高价聘请知名广告设计团队对广告内容进行设计和制作。正因为投入了如此多的财力和物力，为了更好发挥某则广告的效用，在传统媒体时代，同一则广告出现在不同媒体广告版面和时段的情况十分常见。对于中小型品牌而言，由于资金限制，创作并投放此广告的可能性非常小。

程序化购买广告和程序化创意平台的产生，提高了中小型品牌企业投放创意广告的可能性，按效果付费的广告交易模式令广告投放费用趋向“平民化”。相比知名品牌企业通过广告进行品牌宣传，中小型品牌企业更希望通过广告为企业自身带来直接的经济效益。在一定程度上，中小型品牌企业能相对“廉价”地通过网络广告获得关注度、注册数，甚至是产品销售量。“向广告客户收取少许额外费用，(程序化创意)平台便用几组设计素材创造了它们(程序化广告)。价格实惠的创意图片和信息经过反复迭代，能针对你的每一个目标用户群生成特殊的创意……”① 这与传统媒体时代花高额聘请设计师的情形相去甚远，广告界的这场变革为更多中小品牌企业向目标顾客精准地投放高质量创意广告创造了条件。

---

① John Dorais, Creative Personalization with AdReady, http://www.cpxi.com/creative-personalization-with-adready/, 2015 年 5 月 18 日

第三节 创意的涅槃:大数据时代的创意怎样改变

尽管程序性与个性化的广告创意还处于萌芽期,但广告产业中一切环节“从手动化走向程序化”显然是大势所趋。同时,程序化创意也遭遇了传统广告的质疑:程序化创意还是真正的创意吗?“快创意”是否就是“好创意”?程序化创意带来的是创意之死还是创意新生?

一、精准广告时代,创意不仅重要而且更加艰难

弥漫在4A广告公司的“恐慌”很容易被理解,传统广告业经营流程被技术派认为是“过时”与“落后”的生产方式。[①] 为此谷歌曾经专门组织了一次题为“程序化广告是否带来了创意之死?”的研讨会。

近几年,当人们讨论广告业变革的时候,更多的是将目光投向数据、技术、算法等程序性、精准化投放的过程。由于大数据的精准定位和算法驱动是如此强大,创意的重要性似乎被掩盖了。但是,试想如果只是精准地找到了有特定需求的消费者却不重视“说什么”,那么是否意味着回到了“魔弹论”时代?

精准地找到了消费者之后,沟通并没有结束,而是刚刚开始。结合目标受众的个性特征、所处实时场景进行广告创意,才能实现“精准”的真正价值。对于商业信息的传播,创意所珍视的“直击人心的力量”依然弥足珍贵。创意内容的呈现是连接消费者的最后一站,这一站决定了消费者的体验、态度以及购买行为。

面对“碎片”成个体的消费者以及无所不在的各种设备和终端,广告创意不仅仅“必要”,而且更加“困难”。技术推动下广告正在经历一个从

① 《4A广告的死结:商业模式OUT了》,http://www.managershare.com/2013/11/04/4a-advertising-deadlock/,2015年4月25日

“大众消费品”向“私人定制品”转型的进程，这种“定制品”必然应该是精致动人的，而不是粗制滥造的。如今的精准广告不仅能够实现将广告信息“在合适的时间”“合适的地点”传递给“合适的人”，甚至可以通过程序化系统、大数据和算法实现在“合适的设备上”“合适的操作系统上”“合适的天气条件下”“合适的心情中”开展精准传播。在这种情境下，什么才是“合适的内容”变得举足轻重，也无比艰难。

二、精准广告时代，创意的地位和作用发生了变化

创意没有死，但是不得不强调的是创意在整个广告产业生态中的地位已经发生了重大变化。这一点也许才是传统广告创意人士感到“失落”和“无法接受”的根源。广告业向来被视为是内容产业的一个组成部分。作为内容产业，创意必然是其核心的驱动力量。市场调查、市场定位、消费者洞察、广告效果测量等大量的传统广告相关业务都是为“创意”服务，并围绕着产生好的创意而展开的，因此，被称为广告之父的大卫·奥格威曾断言“对于广告而言，说什么比怎么说更重要”。

尽管今天的精准广告最终还是以内容的方式呈现在消费者的面前，但是如果还将其视为“内容产业”已经非常勉强。数据、精准定向技术、算法已经成为产业的核心变革和驱动力量，甚至创意本身也开始呈现程序化的倾向和特点。创意不会死，但是创意已经不再是广告产业生态的核心驱动力，不再是相对独立的部分，而是产业链上一个与其他环节高度融合在一起的生产节点。一个由创意引领的广告传播时代已然结束，取而代之的是，创意与实时优化、与技术紧密结合在一起的程序化广告时代。

程序化的精准广告，必然要求与之运行速度、运行规律、运行标准相匹配的“创意”环节。结合人的智慧和工具的便捷来实现优化，是创意必须接受的角色转变。作为产业链中的一环，程序化创意的前端与广告主需求相连，与关键指标及各种营销数据对接，触发创意以及内容的实时表

现,做到了“有的放矢”;其后端与广告效果测量和实时优化对接,对广告效果的直接影响一目了然,做到了“有据可查”。

三、精准广告时代,创意的生产方式发生了变化

大数据时代的创意不再是一个创意打天下,而需要源源不断的创意输出;不再是“千呼万唤”的创意,而是迅速生成的创意;不再是“玄妙”的创意,而是可以测量的创意。可以说创意的“大工匠”时代已经结束,取而代之的是既“大规模生产”又针对消费者个人的“定制”性创意,是一种连续产出、可以验证的创意。

程序化的空间能够实证性地去验证和测量创意,这对有经验的创意者是一种痛苦,因为它将打破设计者心中固有的思维定式和一般经验,用生硬而又无法辩驳的数据验证到底什么样的创意才是真正的成功。但是理性的看,正是这种矛盾才会带领我们找到什么是真正的互联网时代、大数据时代的创意。

同时,程序化创意也带来更多的自由:创意者能够系统性地做出创意选择,而不是仅仅测量几种设计的效果,创意者还可以根据数据的分析,根据消费者情境的变化,根据广告主的特定需求设定不同的目标,来进行创意的决策和测量。这种自由还表现在程序化创意能够将创意者从繁琐的日常业务中拯救出来,让广告设计、制作及购买过程化繁为简,帮助设计师减少大量重复、繁琐的“改稿”工作,使人的创意思维得到更好的发挥,大幅度提高广告设计师设计工作的整体效率,给予他们更多开展广告创意的时间和精力。借助数据和技术的力量,各种广告效果衡量指标能清晰地告诉广告设计师一则广告的创意效果,让他们了解网络用户对广告创意的真正需求,也能使他们在广告创意探索方面少走弯路。

有鉴于此,广告产业技术化的今天,技术与创意的结合不仅可能,而且还是必须。定向技术、实时竞价体系、个性化推送、动态化投放以及创意的快速重组和配合令广告创意“个性化定制”成为可能。

第六章

反思与讨论：精准广告与消费者隐私问题的解构与重构

广告业对人与社会的影响向来不止于商业信息传播本身。即使在小数据时代，各类纷繁复杂的广告有的狂轰滥炸般冲击人们的视听，有的似和风细雨直达人们的内心，有的以各种奇思怪想让人们眼前一亮，有的幽默诙谐让人们会心一笑。广告作为一种信息和文化产品，一直在以其特有的"外部性"去建构人们对产品、品牌的态度，甚至去潜移默化的影响人们的生活方式和消费习惯，因此关于广告对人与社会的影响的各类研究成果可谓汗牛充栋。在今天，越来越普遍的基于大数据的精准广告以其特有的"精准"和"个人化"特征与人们"如影随形"。大数据精准广告的外在社会效应首先是围绕着与消费者的隐私问题展开的。精准广告得以实现的前提是海量消费者个人数据的获取、存储、交换和分析，而这些个人数据与"隐私"又是如此的难以区分，因此关于"消费者隐私与精准广告"的争论形成了针锋相对的观点：一些人指责精准广告将每个人变成了"透明人"，是对个人空间甚至是个人自由的严重侵犯；而另一些人则乐享精准广告的便利，承认"个性化"与"相关性"本身就意味着信息的分享和流动。本章将围绕这一问题，梳理国内外不同观点和解决思路，探索其本质属性，提供一些新的原则来建构平衡而可持续发展的广告业。

第一节　从精准广告与隐私保护的纷争历程看其本质属性

一、央视 3·15 晚会的报道与行业争论

尽管大数据精准广告已经经历了 20 年的专业发展历程,但进入公众视野还是近几年的事。2013 年 3 月 15 日以“打假”为定位的央视 3·15 晚会播出了题为《互联网的裸奔时代》的报道。晚会现场主持人的开场白是这样说的:

“在我们的生活当中,有这样的一群人,你一定不认识他们,可是你每天去了哪儿,买了什么东西,家里有几口人,有没有孩子,孩子有没有上学,你每月工资多少,你每天花多少时间上网,都浏览什么网页,所有这一切他似乎全部了如指掌。你以为这样的情节只会出现在像《碟中谍》这样的大片当中吗?其实不然,它就在你我每天的生活中,每天都在上演着。”

这样一个 10 分钟的报道围绕着中国目前活跃的精准广告公司如何通过 Cookie 来抓取消费者信息展开。被该报道“点名”的公司包括:品友互动、易传媒、悠易互通、艾维互动、传漾公司、亿玛在线、精硕世纪、网易公司等多家互联网技术公司或互联网媒体公司。主持人在节目的最后得出结论:

“刚才记者调查中,有一个英文单词 Cookie 被反复提及,通俗的说 Cookie 是我们个人在网络世界当中的个人身份证,它上面有很多每个人的私人信息。跟我们毫无关联的第三方在我们毫不知情的情况下偷走我们的网络身份证,而且把上面个人信息非法的用于营业目的。Cookie 这个单词原意其实是小甜饼,在这样的网络世界中,你一不留神可能成为这些毫无关联的第三方口中的小甜饼,这也给我们每一个人都提了一个醒。”

这次央视3·15晚会的“曝光”一方面引发了消费者对上网隐私问题的焦虑和不安，另一方面也引发了为数不少的专业人士的深度“吐槽”，认为节目“不专业”，“妖魔化Cookie”，甚至是“误导公众”。在他们看来，首先，节目采用“钓鱼式”暗访报道，没有表现出对精准广告产业的尊重，而一些营销人员在接受暗访时的观点并不客观，也不具有代表性；第二，用于服务器与浏览器之间信息交互的Cookie技术在全球范围内被网络服务商普遍采用，Cookie并非是“个人身份证”，“个人信息”也不等同于隐私；第三，精准广告对消费者个人信息的使用是否真的“非法”还需要产业多方探讨，并由政府规制来界定。

因此不少业内人士开始就Cookie是否存在泄露用户隐私问题展开了辩论。2013年3月29日《北京青年报》《北京商报》《法制晚报》等媒体邀请法律界人士、行业专家以及资深媒体人就“Cookie引发的互联网隐私以及行业基础信任问题”进行探讨。与会专家指出，Cookie的本质就是数据包，记录用户上网行为以及上网特点，甚至包括用户的姓名、密码，也包含其他的隐私内容。但国内外对“隐私”的界定依然缺乏统一的认识，因此这更需要企业的自律。①

在这样的背景下，行业协会和众多的精准广告技术公司也开始发出自己的声音。2013年4月8日，由中国互联网协会组织召开的《网络营销与互联网数据研究业务自律宣言》签约仪式在北京举行。奇虎360、DCCI、互动通、西岸奥美、传漾网络、品友互动、亿玛在线、云联广告、博雅立方、易传媒、随视传媒、悠易互通、缔元信、派择网络、映盛中国、MediaV、北京百分点、电众数码等来自网络营销服务和互联网用户数据研究服务领域的30家企业与机构现场签署。② 可以说该宣言成为互联

① 《专家热议隐私问题：Cookie无罪 亟待法律界定》，新浪科技，http://tech.sina.com.cn/i/2013-03-29/04078192485.shtml，2015年5月13日

② 《中国互联网协会在京发布<网络保护自律宣言>》，http://news.qq.com/a/20130410/001556.htm，2015年5月15日

网精准广告领域的第一个自律准则,“对网络营销服务及互联网数据企业的行为规则进行了约定,对于督促相关企业主动加强自律,提升服务水平,改善用户体验,保护用户合法权益,推动网络营销和互联网用户数据研究业务规范、健康、和谐发展具有重要意义。”①

二、中国 Cookie 隐私第一案

央视 3·15 晚会之后不久,被称为“中国 Cookie 隐私第一案”的一桩案件便浮出水面,直到 2015 年 6 月底,这个真实案例的终审判决终于水落石出。②

案例 6-1:中国 Cookie 隐私第一案

(1)一审判决侵犯隐私

据原告朱烨诉称,2013 年她在家中和单位上网浏览相关网站过程中,发现利用“百度搜索引擎”搜索相关关键词后,会在特定网站上出现与关键词相关的广告。其后,朱烨通过南京市钟山公证处对这一过程进行了公证并出具了公证书,证明朱烨在通过百度网站搜索“减肥”“人工流产”“隆胸”关键字后,再进入“4816”网站和“500 看影视”网站时,就会分别出现有关减肥、流产和隆胸的广告。

朱烨认为,百度公司未经其知情和选择,利用网络技术记录和跟踪她所搜索的关键词,将其兴趣爱好、生活学习工作特点等显露在相关网站上,并利用记录的关键词,对其浏览的网页进行广告投放,侵害了其隐私权,使其感到恐惧,精神高度紧张,影响了正常的工作和生活。

2013 年 5 月 6 日,朱烨向南京市鼓楼区人民法院起诉百度公司,请

① 《中国互联网协会在京发布 <网络保护自律宣言>》, http://news.qq.com/a/20130410/001556.htm,2015 年 5 月 15 日

② 《Cookie 隐私第一案:法院判定个性化推荐不侵权》,和讯科技,http://tech.hexun.com/2015-06-13/176713100.html,2015 年 5 月 13 日

求判令立即停止侵害，赔偿精神损害抚慰金 10000 元，承担公证费 1000 元。

2014 年 10 月 13 日，南京市鼓楼区人民法院对本案做出判决，认定百度公司利用 Cookie 技术收集朱烨信息，并在朱烨不知情和不愿意的情形下进行商业利用，侵犯了朱烨的隐私权，对朱烨要求百度公司停止侵权的诉讼请求予以支持；由于朱烨未能证明严重后果，法院对其要求赔偿精神抚慰金的诉讼请求不予支持。

(2)二审认定不侵权

一审宣判后，百度公司不服原审判决，向南京市中级人民法院提起上诉。

关于百度公司利用 Cookie 技术为用户提供个性化推荐服务的行为是否构成侵犯用户隐私权的问题，二审法院在判决中做出了界定。

首先，百度公司收集、利用的是未能与网络用户个人身份对应识别的数据信息，该数据信息的匿名化特征不符合“个人信息”的可识别性要求。百度个性化推荐服务收集和推送的信息终端是浏览器，没有定向识别该浏览器的网络用户身份。

其次，百度公司并未直接将数据向第三方或向公众展示，没有任何的公开行为。百度利用 Cookie 等网络技术向朱烨使用的浏览器提供个性化推荐服务不属于《最高人民法院关于审理利用信息网络侵害人身权益民事纠纷案件使用法律若干规定》第十二条规定的侵权行为。同时，个性化推荐服务客观上存在帮助网络用户过滤海量信息的便捷功能，网络用户在免费享受该服务便利性的同时，应对该服务的不便性持有一定的宽容度。

再次，针对原审法院认为百度公司没有尽到显著提醒说明义务的问题，二审法院认为，Cookie 技术是当前互联网领域普遍采用的一种信息技术，基于此而产生的个性化推荐服务仅涉及匿名信息的收集、利用，网络服务提供者对此依法明示告知即可。百度在《使用百度前必读》中已经予以说明并为用户提供了退出机制,在此情况下,朱烨仍然使用百度搜索引擎服务,应视默认许可。

综上,南京市中级人民法院最终判定百度网讯公司的个性化推荐行为不构成侵犯朱烨的隐私权,并在判决书中指出,“判断百度网讯公司是否侵犯隐私权,应严格遵循网络侵权责任的构成要件,正确把握互联网技术的特征,妥善处理好民事权益保护与信息自由利用之间的关系,既规范互联网秩序又保障互联网发展”。

经过两年多的审理,“Cookie 隐私侵权第一案”对厘清精准广告与消费者隐私的关系起到了非常积极的作用,成了这个领域的首个判例。正如相关专家所指出的:“启动该案的积极意义在于通过司法审判查明百度在个人信息的问题上到底做了什么,这是前提,也是讨论其行为是否正当的基础。”①Cookie 技术与个人隐私的多角度分析和透视在这个案例中得到了充分的讨论。

三、从《华尔街日报》的“What They Know”系列报道到“Do Not Track”运动

事实上,关于精准广告与消费者隐私的争论早已成为世界性话题,在美国同样也经历了“媒体报道——行业讨论”的历史过程,而且这个过程开始得更早,讨论的也更为激烈。

自 2010 年起,《华尔街日报》连续 3 年对依托于互联网和大数据的精准广告与消费者隐私问题进行了深入的探讨,推出了系列调查性报道“网络无隐私”(What They Know)。2010 年到 2012 年这个系列报道的主题分别是:“他们到底知道什么”“隐私的终结”和“被监视的网络”。这个系列报道从介绍 Cookie 采集信息的基本原理、到分析精准广告的产业生态,再到呈现数据采集的过程和方式。这组报道不仅客观的呈现了精

① 《Cookie 隐私第一案:法院判定个性化推荐不侵权》,和讯科技,http://tech.hexun.com/2015 - 06 - 13/176713100.html,2015 年 5 月 13 日

准广告带来的隐私保护问题，而且还在这个基础上对这个问题展开了大量针锋相对的辩论。例如，一方观点是《为什么说"追踪"不是坏事》，另一方的观点却是《网络追踪的危险》。此外，该报道同时还对谷歌、苹果、Facebook 等巨头企业在这个方面的多个案例进行了分析。

THE WALL STREET JOURNAL.

图 6－1：《华尔街日报》"What They Know"系列报道

在美国关于精准广告与消费者隐私的争论，远不止于"纸上谈兵"。政府组织、代表不同利益群体的行业协会、互联网企业、技术研发者都加入到对这一问题的讨论之中，并展开了一系列的行动。"Do Not Track"运动算是其中的典型代表。

Do Not Track（禁止追踪）最早来自于 2007 年美国几个公共利益组织在世界隐私论坛（World Privacy Forum）中的提议，他们要求 FTC（美国联邦贸易委员会）创设一份在线广告业"Do Not Track"的名单。当时这个想法是希望通过邀请互联网广告商向 FTC（美国联邦贸易委员会）提交相关的信息，形成一份机器可读的名单，告知哪些公司设置了 Cookie 或者追踪了消费者。浏览器和第三方软件提供商能够订阅这份名单,因此将有效地阻止各种形式的追踪。① 这个听起来很好的办法,在 2010 年之前并没有得到应有的重视,而且今天看来,随着精准广告技术的快速发展和普及化,固态的名单显然跟不上变革的脚步。

早在 1994 年,网景公司的 Lou Montulli 和 John Giannandrea 创造了 Cookie 文件,以最简单的方式提供了消费者使用互联网的界面数据。当消费者浏览网页的时候,网站服务器会在消费者电脑中自动生成一个小小的 TXT 文件,这就是 Cookie 文件。Cookie 在消费者使用浏览器的过程中,存储特有的 IP,也因此能够追踪到每一个网络用户网页转换、登录状况、购物车等各种网络行为。而目前,随着技术的发展更是出现了类似 Cookie 的追踪系统,以及 Supercookies 等技术方式,使得辨认和追踪人群变得更加容易。由于数据是一切"精准"的基础和前提条件,精准广告生产链条上数量众多的各方市场主体都在监测着消费者的每一次点击、搜索、阅读等日常的互联网行为。美国的"Do Not Track"(禁止追踪)运动即是在这样的背景下,由消费者隐私保护者提出的禁止互联网技术公司对消费者信息进行追踪的倡议。

从技术的角度上看,Do Not Track(禁止追踪)是一个计算机 Header(头文件),当浏览器中插入"Do Not Track 禁止追踪"的选项之时,实际上是插入"DNT:1"这样一个头文件,使消费者有权去选择是否接受第三方的数据追踪,让普通的消费者可以阻止、限制和删除 Cookie。目前,大多数浏览器都会在"Internet 选项"中关于隐私的条款里插入消费者可以选择的"Do Not Track(禁止追踪)"选项,但浏览器的默认选项是"关",当消费者手动选择"开"之后,浏览器就不再跟踪消费者数据。

---

① Christopher Soghoian, *The History of the Do Not Track Header*, http://paranoia.dubfire.net/2011/01/history-of-do-not-track-header.html,2015 年 3 月 2 日

图 6－2：IE10 浏览器的"Do Not Track"选项

但是，要想在此基础上将隐私保护向前再推进一步却不那么容易。早在 2008 年，微软公司为了应对浏览器市场的竞争，曾经推出一个计划：将"开"作为"Do Not Track"默认选项置入 IE8.0 中。这个看起来简单的小改动意味着浏览器将默认不对消费者的 Cookie 进行收集和跟踪，消费者只有手动改变默认选项，才能被追踪。提议者认为这样才能真正有效地避免消费者在线被追踪。就是这样一个计划，却遭遇了微软公司内部和外部空前讨论。在微软内部，旗下的数字广告公司提出了强烈的反对；微软外部的质疑声同样显著，美国互动广告协会（Interactive Advertising Bureau）、在线媒体协会（Online Publishers´Association）和美国广告代理商协会（American Association of Advertising Agencies）纷纷表示了他们对这项计划的抗议。正如美国互动广告协会当时的执行主席 Randall Rothenberg 所担心的："这项计划不仅仅阻止了收集消费者数据，更是阻碍了在线广告业的整体发展"。他提醒到："不要将在线广告发布等同于侵犯隐私。"①

---

① Nick Wingfield, *Microsoft Quashed Effort to Boost Online Privacy*, http://www.wsj.com/articles/SB10001424052748703467304575383530439838568，2015 年 6 月 20 日

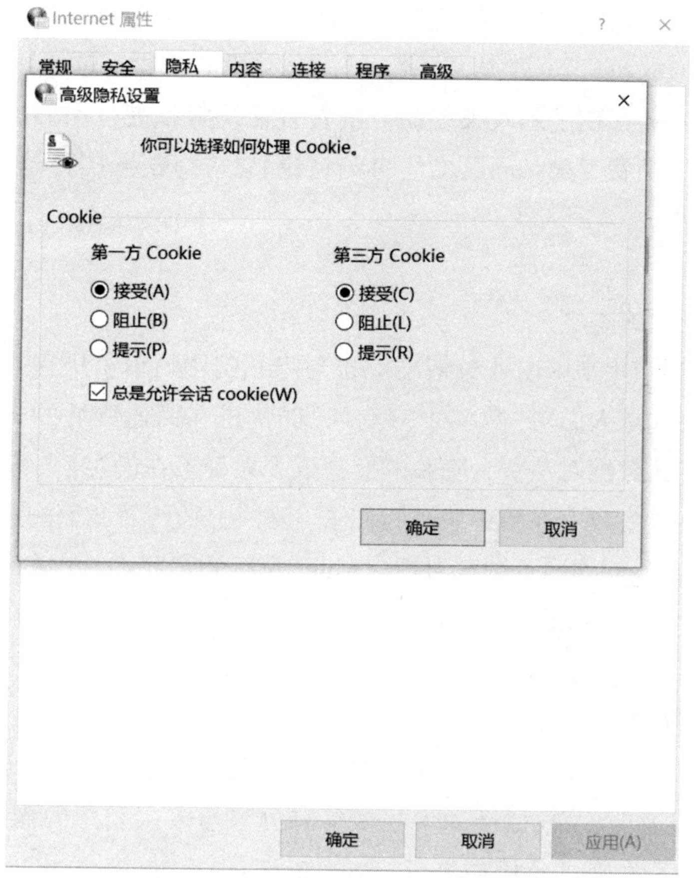

图 6-3:360 浏览器对 Cookie 的设置

尽管在技术上是如此简单,但目前"Do Not Track(禁止追踪)"更是一套政策框架和管理思想。因为它必须探讨一方面能够通过网络使用者的主动选择权来保护其个人信息,另一方面又能够保护互联网的不断创新,提升消费者体验,而要达到这一平衡发展的目标并非易事。2010 年 12 月,美国联邦贸易委员会推出了一份报告,其核心思想即为要求浏览器必须添加"Do Not Track(禁止追踪)"选项,使消费者有权进行选择,免于互联网技术公司对个人信息的追踪。在这个基础上形成了"2011 年禁止追踪隐私权保护法",尽管这一法案由政府推动,但由于这一法案受到互联网产业和在线广告业的强烈反对，最终并没有通过施行。

尽管“Do Not Track（禁止追踪）”运动并没有取得实质性的成果，但已经成为一种在技术和政策层面对消费者在线隐私进行保护的机制，激发了社会对消费者隐私问题的思考与讨论，以应对精准广告越来越复杂的追踪技术。

四、问题的本质

纵观近十年来国内外对精准广告与隐私问题的纷争历程，几乎可以得出结论：这是人们对“数据主宰一切”的忧虑在商业领域的集中表现。这个时代，大数据对消费者隐私的监视成了无处不在的“第三只眼”：“如今，已经不只是政府在暗中监视我们了。亚马逊监视着我们的购物习惯，谷歌监视着我们的网页浏览习惯，Twitter 窃听到了我们心中的 TA，Facebook 似乎什么都知道，包括我们的社交关系网。”①我们需要对这个问题进行本质性的审视。

1. 价值观的冲突

精准广告与消费者隐私保护的矛盾首先是互联网对“开放”和“互联”的无限追求、大数据推动大规模信息分享与多次利用的内在发展逻辑，与传统隐私观的价值冲突。

互联网的发展长期遵循着“互联”的逻辑展开其网状的结构。从机器与机器的连接、机器与内容的连接、内容与内容的连接、内容与服务的连接，如今已发展成人与人的连接，形成了无所不包、无所不在的内容网络、服务网络和关系网络。大数据不仅仅是互联网发展的一个必然结果，更重要的是，大数据及大数据技术天然地促进了信息的存储、分析、分享、交易，带来了数据的高度流动性，从而将数据的价值进一步的开发出来。互联网和大数据已经推动时代进入到个人信息的商业应用和增值的快车

① 维克托·迈尔－舍恩伯格、肯尼思·库克耶著，盛杨燕、周涛译，《大数据时代：生活、工作与思维的大变革》，浙江人民出版社，2013 年 1 月，第 195 页

道上。

与主张"互联""开放""分享"的互联网核心价值格格不入,传统的隐私保护理念将个人隐私界定为"不受干扰"或"免于侵害"的"独处"权利,是个人自由权利的重要组成部分,是人的全面、自由发展的基础原则。传统因循个人主义、自由主义价值倾向的隐私观认为:私生活安宁和私生活秘密是构成个体人格的重要内容,没有私生活的安宁和私生活的秘密,就没有个性成长的任何空间,当然也谈不上对个体人格的尊重。① 正如美国计算机安全专家 Bruce Schneier 所指出的:"隐私并不是一个可以让人们用来躲避尴尬行为的屏风,隐私的本质内涵是自由。当我们感觉总是被监视,我们就不再拥有独立、自由意识和自我认同,我们在监视的目光中带上了枷锁,成了无助的孩子。"②精准广告与消费者隐私保护的世界性辩论是网络世界与传统世界关于人的自由与幸福的价值观冲突的直接表现,是技术推进下对人的社会属性与个人属性的再思考。

2. 利益关系的重建

在大数据带来的各种隐私忧虑中,精准广告的影响最为显著,也最容易引发人们关注和讨论。例如,办公室的白领在抱怨,"办公室的电脑'没法用',因为不断弹出的精准广告正在明白地告诉你的同事你每天在看什么、买了什么东西。"又有网友调侃道:"手贱搜索了个棺材之后,在微博的淘宝广告不断的给我推荐骨灰盒……""最糟糕的是我已经买过了,居然向我推更便宜的。"③可见,大数据精准广告已实实在在地影响着每一个人的生活。由于精准广告明显的商业意图,当消费者获知自己的个人信息成就了精准广告,同时又没有为自己带来良好的用户体验的时候,消费者不仅仅会惊呼自己的个人数据正在成为商家牟利的工具,还会

① 陈建明,《隐私的道德价值》,《科学经济社会》,2010 年第 3 期

② Nick Carr, *Tracking Is an Assault on Liberty, With Real Dangers*, *The Wall Steet Journal*, 2010 年 8 月 9 日

③ 知乎网络社区,http://www.zhihu.com/question/21737987,2015 年 4 月 20 日

自然地产生一种“不平衡感”和“被剥夺感”。

这种“被剥夺感”的产生正是由于精准广告与消费者的利益关系发生了微妙的变化。小数据时代，广告对消费者的洞察止步于“群体画像”，群体画像的不精准成就了广告主与消费者的距离。相反，精准广告规避了群体画像的商业缺陷，却也毫无保留地进入了消费者的私人领域。精准广告是大数据在营销业的应用，消费者的各类显性和隐性数据不仅是其运行的基础，更在各类数据平台和广告交易平台上被交易，在实时竞价的过程中被广告主以不同的价格消费。因此，不管是否愿意承认，大数据时代的隐私权已经从人格权更多地延伸到财产权属性。从个人信息的财产价值意义上看，必须遵循“等价交换”和“互利互惠”原则，也就是说精准广告必须给予消费者更加明显的精神或物质上的利益，建立起精准广告主与消费者的新型利益均衡。对于消费者而言，这种利益诉求是既能够方便地找到自己需要的产品和品牌，进行精明购买，又免于无关信息骚扰。

3. 沟通关系的再造

精准广告带来的隐私问题争论还是一个在新技术条件下，广告主、广告营销者如何建构新型消费者关系的问题。广告业的本质是产品和服务的提供者与消费者之间建立的沟通机制。这种沟通机制在功能上除了实现信息传播，还要建构良好的互动关系。

精准广告通过技术、算法辨识和追踪消费者数据，洞察消费者背景和偏好，透析其网络行为，广告主的投资回报率大幅度提高，广告技术公司也因此蓬勃兴起，精准广告产业获得了前所未有的“胜利”。但是，另一方面今天的精准广告又与消费者形成了怎样的沟通关系呢？如果精准广告业者只是把消费者当成一击即倒的“靶子”，广告与消费者将再次变成“单向”交流，进而必然导致消费者对隐私受侵的极大反感与焦虑。

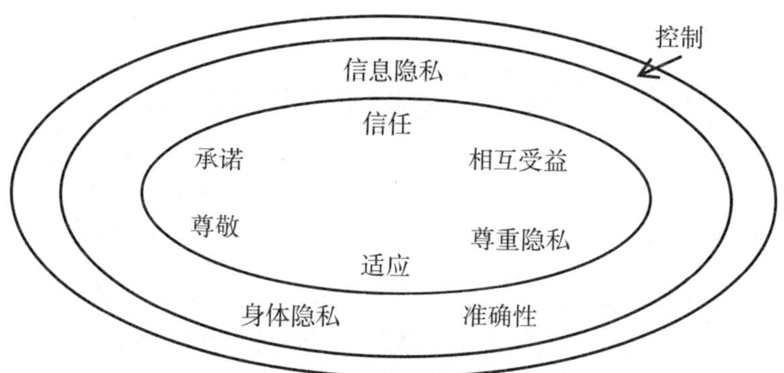

图6-4:广告营销与消费者关系要素及消费者隐私①

那么广告营销者与消费者之间的良性沟通关系是什么呢? 信任、承诺、尊敬、适应、尊重隐私和相互受益。在研究者看来,这些元素才是广告营销与消费者良好关系的内涵。研究者认为即使在数据库营销的小数据时代,建立与消费者的良性关系与营销者对消费者隐私的处理也具有密切关系。如图6-4所示,消费者对隐私的担心会由消费者的"可控"感所缓解。图的中心圆圈中是"关系要素",中间的圆环代表在建构这种关系的过程中,广告营销者可能涉及的隐私类型:信息隐私、身体隐私以及准确性。而这个示意图的最外一环最特别,它指的是,只有消费者认为隐私的交换是"可控的",消费者才能够放心的体验和参与,广告营销者与消费者的良性关系才能够真正建立起来。这也意味着,如果滥用消费者隐私,导致消费者在情感上抵触隐私的"失控" 状态,"精准广告"也将变成对沟通关系的伤害。

大数据时代,如何处理消费者隐私信息,关系着新的营销体系与消费者的沟通关系建构。

① Lisa O' Malley et al. ,*Intimacy or Intrusion? The Privacy Dilemma For Relationship Marketing in Consumer Markets*, Journal of Marketing Management,1997,13,P541-559

第二节 精准广告相关隐私问题的解构

不管是“中国 Cookie 隐私第一案”的终审判决还是美国“Do Not Track(禁止追踪)”法案都从一个新的侧面告诉我们,在今天这个时代,面对“隐私”和“隐私问题”,我们必须跳出原来固有的框架,重新进行审视。

一、隐私与个人信息的概念

精准广告所追踪的消费者数据非常广泛,既包括隐私信息又包括更大范围的个人信息。

1890 年美国学者沃伦(Wallen)和布兰代斯(Brandeis)在其《论隐私权》一文中将隐私界定为一种“免受外界干扰的、独处的”权利。① 基于此,学者们认为隐私的经典概念指的是一种“与公共利益、群众利益无关的,当事人不愿他人干涉的个人私事和当事人不愿他人侵入或不便侵入的个人领域。”②同时当代民法研究者又将宽泛的隐私具体化为“私生活安宁”和“私生活秘密”两个方面。③ 但是,面对这一系列的隐私定义,人们不免疑问:什么是不受干扰? 如何才叫免于侵害的“独处”? 怎样才能做到私生活安宁? 对这些问题的回答实在是困难,每个人都会给出不一样的答案 ,这取决于作为主体的人如何划定属于自己的“隐私范围”。可见,尽管隐私权本身被视为是完整人格权的一部分,具有保护的绝对性,但隐私本身又具有高度的主观性,深置于隐私主体的价值判断和隐私偏好之中。

① Samuel D. Warren&Louis D. Brandeis,“The Right to Privacy”, 4 Harv. L. Rev. , 1890, p. 193.

② 王利明,《人格权法新论》,吉林人民出版社,1994 年,第 487 页

③ 王利明,《隐私权概念的再界定》,《法学家》,2012 年第 1 期

个人信息的范围要更加宽泛。从广义上讲,消费者个人信息指的是与个人相关的所有信息;而在狭义上个人信息是指:与一个身份已经被识别或者身份可以被识别的自然人相关的任何信息,包括个人姓名、住址、出生日期、身份证号码、医疗记录、人事记录、照片等单独或与其他信息对照可以识别特定的个人的信息。在精准广告的语境下,这一类个人信息又被称为"可辨识性的个人信息"(Personally Identifiable Information),特指那些可以用来区分或者追踪个人身份的数据,或者与其他信息共同作用的时候能够指向具体某个人的数据。

与"可辨识性的个人信息"相对应,精准广告的从业者们经常指出,他们收集消费者信息并使之匿名化,这些信息来自合作伙伴或第三方信息平台,已经过精细的匿名化处理。但是"匿名化"这样的技术手段,在大数据时代并没有那么奏效。一个著名的案例是:2006 年美国在线公布了 65.7 万用户的 2000 万条旧的搜索查询记录,整个数据进行了精心的匿名化处理:用户名称和地址等个人信息都使用特殊的数字符号进行了替代。尽管如此,《纽约时报》还是在几天内通过把"60 岁的单身男性""有益健康的茶叶""利尔本的园丁"等搜索记录综合分析考虑后,发现数据库中代码 4417749 代表的是佐治亚州利尔本的一个寡妇塞尔·阿诺德。①

隐私信息的主观不确定性、个人信息的无所不在、可识别信息与非可识别信息的难以划分都使大数据时代的隐私问题变得更加复杂多样。

二、消费者隐私观念变革

尽管隐私研究专家认为:"精准广告对个人隐私的连续侵蚀所带来的最大危害是导致人们开始轻视'隐私'的概念,当人们认为隐私是老套过时的,或者只是将其视为有效的网络购物及更好的社交的障碍,这将是

① 维克托·迈尔-舍恩伯格、肯尼思·库克耶著,盛杨燕、周涛译,《大数据时代:生活、工作与思维的大变革》,浙江人民出版社,2013 年 1 月,第 199 页

一个悲剧。"①但是,不得不承认的是大数据和社交媒体不仅改变了隐私存在的现状,更开始作用于人们的隐私观念。

1. 无所不及的互联网生活方式改变隐私"刻板印象"

如今,可否有人能够置身于互联网之外？人们能否将自己的生活和工作与社交媒体隔绝？当准妈妈们晒出未出生的宝宝的三维超声照片,当新手妈妈开始在社交媒体上逐日记录婴儿的成长照片的时候,我们可以说即使未出生和刚出生的孩子,都已经拥有了自己的网络空间。不仅如此,如果把人们的生活划分为线上和线下两个部分,那么人们线下的生活有多么丰富,线上就有多少端口与之对接,其覆盖的领域已经囊括购物、学习、健身、交通、餐饮、娱乐、医疗、金融等人们生活的方方面面。因此无孔不入的精准广告对消费者信息的覆盖亦包括网络购物信息、地理位置信息、教育学习信息、健康信息、饮食偏好及消费信息等方方面面。

大数据时代的精准广告就像一个潜伏的猎人,消费者被监视、被跟踪,而似乎又无从知晓、无力抵抗。在传统印象中,消费者对这些深入追踪其生活的精准广告应该避之不及,但随着互联网与大数据对人们生活方式的渗入,越来越多的人开始逐渐改变甚至开始享受精准广告带来的个性化与便利性。2012 年4 月,英国广告协会(Advertising Bureau UK)与Value Click(英国一家提供广告网络服务的公司)的一项对2001 名16 岁以上互联网使用者的调查表明:"45% 的被调查者认为他们很高兴商业能够追踪他们的互联网行为,并回报以精准广告。59% 的被调查者认为,他们宁愿接受少而相关的广告而再无法忍受大规模不相干广告的狂轰滥炸。只有10% 的网络使用者愿意为互联网内容付费,进而消除互联网广告,有1/3 的被访者曾经因为看了某些在线广告而完成了购买。在这项调查中89% 的互联网用户认为他们需要控制他们的在线隐私,但是其中28% 的人同时认为,只要数据追踪行为是透明的,他们并不反对精准广告

① Nick Carr, *Tracking Is an Assault on Liberty, With Real Dangers*, *The Wall Steet Journal*, 2010 年8 月9 日

技术公司存储和分享他们的数据。同时,81%的被调查者认为需要采取有效的办法来保护在线隐私。”①

可见,消费者对互联网精准广告的认识已经呈现出多样化的趋势,简单的、一边倒的“追随”或者“拒绝”已经不是互联网一代的消费者做出的选择。

2.“精准广告+社交媒体”引发的“纠结”社会心理

2015年1月21日,微信朋友圈呈现了这样一条微信团队的“大制作”:“它是什么?它无孔不入,你无处可藏;不是它可恶,而是它不懂你;我们试图,做些改变——广告也可以是生活的一部分。”这良苦用心的文案,可谓是囊括了精准广告的特点,并为其即将推出的朋友圈广告做了充分的预热,埋下了精彩的伏笔。1月25日晚间,微信朋友圈推出了基于大数据分析精准投放的首批3款广告,包括宝马中国,vivo智能手机和可口可乐。这3款广告立刻激起了朋友圈的各种嬉笑怒骂:“曾以为,最远的距离是你在宝马哭,我在自行车笑,后来,我错了!世界上最遥远的距离是你看到宝马中国,我却只看到可口可乐。”除了引发热烈的讨论和各种吐槽之外,此番微信朋友圈的广告又引发了一个耐人寻味的效应:与以往人们对广告避之不及不同,这一次微信用户则在抱怨精准广告不留情面的“歧视”。“我一直在一遍一遍地刷新我的朋友圈,但一直没有宝马广告,我太郁闷了”“难道我不够看宝马广告的资格吗?”②

此次微信feed流精准广告不仅没有引发微信用户的反感,反而让用户“趋之若骛”的现象值得思考。其背后的反应机制在于:精准广告是对个体的“人”的直接投射,当每一个人又同时置身于相互交错的以“社交”

① McHugh, Pand Francis, C, Survey reveals nearly half of web users happy with behavioural advertising, www. out - law. com/en/articles/2012/may/survey - reveals - nearly - half - of - web - users - happy - with - behavioural - advertising - /, accessed on 7th June 2015

② Charles Clover, *Backlash in China over We Chat's targeted adverts*, http://www. ft. com/cms/s/0/0fd1abc2 - a610 - 11e4 - abe9 - 00144feab7de. html#ixzz3XuIjgCM3, 20 April 2015.

和"关系"为核心社交网络中时,3 款不同定位产品的精确投放,成了社交图谱中个人品牌、消费能力、消费品位的评价。这个案例从另一个侧面解释了消费者对个人信息保有和分享的复杂社会心理:一方面人们焦虑于自己的个人信息和隐私信息被收集、分析,另一方面却更加担心被"疏离"或"个人价值低估"。

总之,在新的技术条件下,消费者对精准广告带来的隐私问题的认识呈现出复杂而多样的状态。一些消费者对无所不在的个人信息收集深感惶恐和焦虑;一些消费者对此却一无所知或视而不见;一些消费者认为个人信息与互联网创新服务之间是对等的公平交易,因此平和理性;而一些消费者在乐享新产品与服务的时候,却对个人信息的使用和隐私风险满腹牢骚……正是由于消费者对精准广告与隐私问题的理解、态度、行为存在如此巨大的不同,因此我们更需要客观而理性的分析在以大数据为新的生产要素的条件下,精准广告业与消费者的关系呈现出怎样的新特点。

三、现阶段消费者与精准广告业关系的特征

1. 作为消费者财产权性质的个人数据是精准广告业的基础

精准广告业的本质是通过新的技术、手段和方法将广告主与消费者精准的联系到一起。通过整个产业系统运作和精确算法,广告不再以销售"位置"为目标,而是直接销售广告商所需要的消费者,因此也被戏称为"贩卖人口"的广告业,其实被贩卖的是消费者个人数据。如果不收集、记录并分析这些直接的消费者数据,满足广告主需求的"精准"和满足消费者需求的"个性化"都将无从谈起。毫无疑问,消费者的个人信息是精准广告业存在的前提和基础。

但就是这个重要的基础,人们对其在大数据背景下的属性认识并不清晰。传统隐私权保护的观念将个人信息及隐私信息看成是人格权的一部分,然而如果只将个人信息的处置停留在人格权,显然是难以驾驭,并使得人人谈之"变色",也无法形成精准广告产业稳定的价值基础。Facebook 的 CEO 马克·扎克伯格曾经提出:“隐私作为一个道德概念将彻底死亡。”①尽管这个观点饱受诟病,但在精准广告的产业链条中,强调消费者隐私的财产权性质就意味着,消费者的所有互联网行为数据都是消费者本身具有所有权的可交易信息产品。精准广告业要对其利用,必须征得消费者的授权,并给予契约性回报。只有充分重视消费者数据和隐私的个人财产权性质,才能建立这个产业顺理成章的前提基础和商业逻辑,从而才能在此基础上建立新的商业规则,促进对消费者人格权意义上隐私的保护。

2. 在精准广告运转过程中消费者的“弱势”显而易见

尽管,消费者个人信息就像精准广告这台复杂机器的首要“原材料”,然而一旦这些“原材料”进入生产流程,原材料的主人作为“圈外人”对其也就失去了控制的主动权。可识别个人信息与非可识别信息之间的界限变得越来越模糊,技术变得更加的复杂和智能,“追踪”无处不在,而精准广告业积累的数据规模和数据类型越来越丰富,这必然导致在消费者信息收集、存储、传播和交易过程中,个人数据和隐私信息受到威胁的风险变得越来越大。例如:个人信息没有经过消费者同意而擅自被使用的风险;消费者数据在精准广告产业链各个主体间流动过程中可能的泄漏风险;消费者数据被第三方随意使用的风险等。然而与这种复杂的风险不相适应的是:消费者在这个过程中能够进行自主选择、控制、干预的办法和途径却非常有限。消费者对这个产业链过程知之甚少,他们不知道信息在这个复杂的产业链中如何运转,除了诉诸公堂,消费者似乎别无选择。

然而即使付诸法律的渠道,消费者能够胜诉的机会也非常有限。

① Emma Barnett, *Facebook's Mark Zuckerberg says privacy is no longer a 'social norm'*, http://www.telegraph.co.uk/technology/facebook/6966628/Facebooks - Mark - Zuckerberg - says - privacy - is - no - longer - a - social - norm.htmlpublished, published on 11 Jan 2010, accessed to on 15 May, 2015

“在英国,消费者个人可以就个人数据滥用造成的名誉权损害对相关的公司提起诉讼,但是由于普通消费者对数据营销系统运作知之甚少,所以名誉权侵害的举证也就无从谈起。”①同样的情况也发生在中国。对于前文提到的“北京百度网讯科技公司与朱烨隐私权纠纷案”,北京市金诚通达律师事务知识产权部高级合伙人李德成律师谈道:“很显然,本案与隐私权保护有着密切的关系,但是主张构成隐私权侵权在当前的司法环境下并不是最佳的选择。在当前行为规范体系尚未建立起来的情况下,要证明百度的行为具有不当性、可问责性以及违法性几乎是不可能的。”②

3. 消费者价值回报是“短板”

精准广告是基于消费者数据的现代信息服务。与其相类似的以收集、分析消费者数据为基础的产品和服务事实上已经遍布人们生活的每一个角落,但是为什么消费者在使用其中一些成熟产品的过程中有很好的消费体验和消费满意度?例如:当百度地图根据消费者的地理位置提供实时路况信息,并推荐出最快捷的到达路径的时候,人们会非常乐意于让渡自己的地理位置信息;嘀嘀打车整合了闲置的车辆资源和消费者随时打车的需求,乘客和司机都不会抱怨对行程信息的读取和记录;消费者通过大众点评能够查询到满意的餐馆、得到优惠券并能够完成订餐,因此也乐于分享位置信息、偏好信息甚至可辨识性的电话号码;对于亚马逊的推荐书单,消费者往往津津乐道;引以为时尚的可穿戴设备同样在记录大量个人信息:心跳、睡眠、行走步数、消耗卡路里,但人们还是乐此不疲。

可见,在大数据时代利用消费者个人信息并不一定招致“恶评”,关键问题是在保护个人信息不被恶意滥用的前提下,产品能否通过为消费者提供新的服务体验实现价值补偿。这一点正是目前精准广告业的短

---

① Desiree De Lima Adam Legge, *The European Union's approach to online behavioural advertising: Protecting individuals or restricting business?* computer law & security review, 30 (2014)

② 《Cookie 隐私第一案:法院判定个性化推荐不侵权》,和讯科技,http://tech.hexun.com/2015-06-13/176713100.html,2015 年 5 月 13 日

板,也是引发消费者不满的重要原因之一。精准广告目前对广告主带来的营销价值是显而易见的,但只有提升消费者体验并为他们创造新的价值,才能有助于形成完整的商业闭环,完成对广告主和消费者两端的价值传递。

第三节　建构平衡而可持续发展的广告业新规则

从世界范围来看,精准广告与消费者隐私问题大多经历了"媒体报道——公开讨论——行业自律与政府规制"的过程。但由于基于大数据的精准广告还是一个新事物与新产业,按照什么样的原则、在什么范围内、制定什么样的管理规则仍在不断探讨之中。

一、美国和欧盟针对精准广告相关隐私问题的规制现状

美国是精准广告产业的创始地,也是这个产业最为发达的国家,同时也在消费者隐私保护方面有着相对成熟的做法。目前针对大数据背景下精准广告与消费者隐私的矛盾和问题,美国由联邦贸易委员会在保证公平交易和反对欺诈行为框架内通过行政管理和行政处罚来进行监管。近10年来美国联邦委员会在制定精准广告行业规范、保护消费者隐私方面展开了大量的调研,形成了不计其数的调研报告,并起草了多部关于网络隐私保护的法案,但时至今日无一获得国会批准。其背后的主要原因还是在于消费者隐私权利与互联网产业利益之间如何平衡与引导仍在探讨之中。因此美国目前在精准广告的管理方面,仍然坚持着行业自律为主、行政监管为辅的管理模式。

欧盟对消费者隐私的保护在目前世界各大经济体中是最为严格的。其中主要的法规包括1998年的《数据保护法案》(Data Protection Act 1998)以及《电子传播隐私法令》(Directive on Privacy and Electronic Communications)等法规。例如,欧盟否决了世界各国普遍通用的"选择退订"的数据追踪方法,而是要求互联网商家必须采用"选择加入"的方法,而同样的法律在美国没有通过实施。① 但是也有研究者指出,目前欧盟的法规严重"偏袒"了消费者,甚至已经超出了消费者网络使用的预期,这项政策不仅没有兼顾欧盟内不同国家的政策差异,也没有兼顾好保护消费者隐私和促进广告产业创新的平衡,从而严重影响了欧洲互联网产业的发展。②

二、我国精准广告隐私管理的现状

在我国,有关互联网与消费者隐私的管理才刚刚起步。目前与这个问题相关的法律渊源来自两大块:一块是与个人信息安全与保护相关的法规,一块是关于广告管理的法规。

2000 年 12 月,全国人大常委会颁布的《关于维护互联网安全的决定》首次提出"促进我国互联网的健康发展,维护国家安全和社会公共利益,保护个人、法人和其他组织的合法权益"的立法目标。其中第 4 条针对个人权利的保护规定:"非法截获、篡改、删除他人电子邮件或者其他数据资料,侵犯公民通信自由和通信秘密",构成犯罪的依照刑法有关规定追究刑事责任。2009 年 12 月颁布的《侵权责任法》第三十六条规定:"网络用户、网络服务提供者利用网络侵害他人民事权益的,应当承担侵权责任。"作为部门规章,工业和信息化部 2013 年 7 月发布的《电信和互联网用户个人信息保护规定》规定了电信业务经营者、互联网信息服务提供者的个人信息收集、使用规范和安全保障措施,对精准广告的管理有一定的借鉴意义。

---

① Article 29 Working Party Opinion 16/2011 on EASA/IAB Best Practice Recommendation on Online Behavioural Advertising

② Desiree De Lima Adam Legge, *The European Union's approach to online behavioural advertising: Protecting individuals or restricting business?* computer law & security review, 30 (2014)

在广告管理领域,2015 年修订并于 2015 年 9 月开始实施的《广告法》已经将互联网广告纳入管理范围,但只是原则性的提出:"利用互联网发布、发送广告,不得影响用户正常使用网络。在互联网页面以弹出等形式发布的广告,应当显著标明关闭标志,确保一键关闭。"目前针对互联网广告最直接的管理规定是《互联网广告监督管理暂行办法(征求意见稿)》。这个暂行办法于 2015 年开始向社会公开征求意见,也于 2015 年 9 月 1 日正式实施。这一暂行规定的第十三条指出:"在电子邮箱、即时通信工具等互联网私人空间发布广告的,应当在广告页面或者载体上为用户设置显著的同意、拒绝或者退订的功能选择。不得在被用户拒绝或者退订后再次发送电子邮件等广告。"这一条款提出要给予消费者对部分类型广告的选择权,但是暂行办法通篇还没有针对消费者数据层面的行为规范,这也就意味着在即将实施的这个暂行条例中,仍然没有解决大数据下精准广告与消费者隐私的规制问题。

总之,互联网条件下,我国消费者个人信息保护的法规尽管来源众多,但呈现出"碎片化"状态,而具体到广告管理领域,精准广告的管理规则还在探索的过程中,从原则性和框架性的规制思路到专门性的管理方法都有待进一步的讨论和研究。

三、我国精准广告隐私管理宜采取的基本原则

没有最好的制度,只有最合适的制度,任何一项管理规制都是特定背景、特定发展目标的综合体。在我国已经将互联网提升到应对未来国际竞争的战略地位,积极推动互联网、云计算、大数据、物联网产业的背景下,规范精准广告与消费者关系的法规应遵循以下一些基本的原则。

1. 透明原则

正如我们在前面谈到的,消费者在庞大的精准广告产业链各类复杂平台和众多媒体面前毫无疑问是"弱势"群体:大多数消费者并不知悉到底哪些信息被追踪,哪些广告处理平台、哪些机构在使用和交易他们的数

据,他们的数据又被卖给了哪些广告主。因此增加产业的透明性,要求数据使用者必须制定清晰明了的隐私声明,用简单、明确的语言告知消费者数据用途,在数据使用之前征得消费者的同意,给消费者更多的选择权,这样一些举措已经成为处理这一问题的世界通行原则。这同样适用于中国,是促进消费者与精准广告业关系健康发展的第一准则。

2. 平衡原则

解决精准广告产业发展与消费者隐私保护的矛盾,关键还在于在政策上把握"平衡"原则。信息主体有对个人信息的保护需求,信息业者有对个人信息的利用需求,这就要求相关的政策一方面致力于促进产业的不断创新和发展,另一方面又能保证消费者的个人数据和隐私信息不被滥用,免于无关广告的狂轰滥炸,享受互联网经济的高效和便捷。简单的限制或者放任,偏袒于任何一方,损害的不仅仅是广告业本身,也是消费者。正如法学研究者指出的:"面对多元化和冲突化的各种利益,法律是在无限需求和有限资源之间寻求平衡的最佳机制,通过立法利益衡量实现对不同利益上下位阶的合理安排。"①

3. 责权利对等的原则

当将消费者个人数据看成是个人财产权的一部分,个人信息所有权就与所有的财产权一样,本质上"不是关于人与物之间的关系,而是指由于物的存在而引起的人们之间的一些被认可的行为性关系。"②因此,解决精准广告与消费者之间的矛盾,还是要处理好双方的"责""权""利"的关系,即相应的解决好双方"能做什么""能够得到什么""承担什么样的责任"的问题,使得行为、收益和责任相辅相成,这样才有助于形成公平交易而健康自律的市场环境。

4. 具体化原则

精准营销是一个高度技术相关和迅速变革的产业,因此对它的管理

---

① 张新宝,《从隐私到个人信息之利益再衡量》,《中国法学》,2015 年第 3 期

② 科斯等,《财产权利与制度变迁》,上海三联书店,1991 年版,第 204 页

也应该尽可能地避免“粗放”及“大而化之”。国外的管理实践表明,在这个领域的管理规则常常细化到“是否应该将浏览器的‘禁止追踪’选项设置为默认选项”“消费者对隐私声明的态度应该是‘明示同意’还是‘暗示同意’”等这一层面的行为规则。这些实践对我国来说有一定的借鉴意义,这个领域需要细致可行的行为规范,而不是大的承诺。

四、面向未来的精准广告管理策略

综合考虑在精准广告产业中新的生产关系特点、新的技术特点和我国发展互联网相关产业的总体战略,以及前文分析的对我国精准广告管理适用的一些基本原则,我们认为,总体而言我国宜构建“行业自律为主,政府规制为辅”的精准广告管理格局。

1. 政府层面的治理

构建“行业自律为主,政府规制为辅”的管理格局,一方面是因为广告行业一直属于市场化比较深入的产业,另一方面是因为精准广告已经进入互联网和大数据的快车道,硬性的管理规则很难追赶技术变革的一日千里,很难适应环境的变化进行灵活的调整。但是,政府管理一定要在最关键的问题上给出规则、定下规矩。这主要包括两个方面:

第一,明确精准广告业者的行为边界。政府管理应该要求精准广告企业必须采用一系列行为保证透明原则的实施。例如精准广告业者必须制定简短、清晰的隐私声明,在数据使用之前必须征得消费者同意,以保证消费者的自主选择权。也就是说从政府管理的角度,首先要保证隐私规范“告知与许可”的第一准则。

第二,明确责任主体。大数据时代“告知与许可”原则已经不足以全面保护消费者的个人信息和隐私,政策层面还应该建立一定的规则体系来促使和保证精准广告各方市场主体能够主动的保护消费者的个人信息不受到滥用,并承担全部消费者隐私受害的责任。因为,根据“责、权、利”对等的原则,消费者是精准广告产业链条中的“弱势”群体,而精准广告业者通过使用消费者数据发展了能够精确制导的广告产业，是产业的受益者，也理所应当的承担保证消费者好的用户体验及个人信息不受损害的责任。正如研究者指出的，“大数据时代，我们需要设立一个不一样的隐私保护模式，这个模式应该更着重数据使用者为其行为承担责任，而不是将重心放在收集数据之初取得个人同意上”。①

2. 行业自律

“行业自律”实际上是一个更高级别的管理理念，它强调的是最大程度的尊重产业自身规律，最低程度的受制于“外在管理”，通过市场的力量和行业自我规范，对遇到的问题展开自我防治和自我治愈。“行业约束”“自我管理”对精准广告的行业组织、企业主体提出了更高的要求。精准广告产业可以在互联网和大数据带来的新生产力条件下尝试提升产业的整体自治能力。

(1)通过行业组织达成产业通行规则和共识

一个好的产业，就像一个绿色的生态系统，需要行业组织的推动和每个市场主体的积极参与。前文提到，在央视3·15负面报道的背景下，中国互联网协会联合多家精准广告技术公司，共同签署了《网络营销与互联网数据研究业务自律宣言》，提出精准广告企业应该遵循“规范使用、妥善保管、严格保密、确保安全”的原则，“从文化建设与道德建设的角度，认识到推动网络营销诚信守法，公平发展的重要意义。”②这说明，我国精准广告的行业组织已经建立起来并且开始就行业发展的重大关切问题制定共同行动规范，以促进行业的健康发展。但是另一方面，行业共同准则的发布不应该仅仅停留在“应对危机”层面，更应该成为常态机制，可以进一步探索的行业发展自律方式还很多。例如，行业协会可以推出

① (英)维克托·迈尔-舍恩伯格、肯尼思·库克耶著，盛杨燕、周涛译，《大数据时代：生活、工作与思维的大变革》，浙江人民出版社，2013年1月，第220页

② 《〈网络营销与互联网用户数据保护自律宣言〉发布》，http://www.d1net.com/datacenter/news/212284.html，2015年5月15日

建设性的隐私保护《行业指引》,要求成员单位共同遵守;可以制定消费者隐私保护认证考核体系,对达标的企业颁发认证书;可以倡导精准广告企业设置"首席隐私官",开展员工培训与教育等。

(2)建立促进信任的产业生态解决方案

互联网经济是建立在信任基础上的经济形态,网络购物、网络支付、网络金融等所有的互联网产品都经历了通过新的服务与体验逐步消除消费者信任顾虑的过程。同样,精准广告的基础也是消费者的信任,如果破坏了信任,精准也就失去了原有的价值,并且必将行之不远。

精准广告行业需要在其运作的系统中,积极主动的将如何保护消费者个人信息纳入技术系统的设计目标和效果生成的"自变量",建立绿色的精准营销及消费者隐私保护的综合体系。正如加拿大安大略省信息与隐私专员安·卡沃琪安(Ann Cavoukian)博士所倡导的"经规划的隐私权"(Privacy by Design)理念所提出的,"寻求通过确保个人数据在任何既有的信息技术系统或商业实践中受到自动保护,来实现最大程度的隐私权。即使个体无所作为,他们的隐私依然不会受到侵害。就个体方面而言,不需要他们为保护自己的隐私采取任何行动——通过预设,它已经成了系统的一部分。"①

(3)在不断的技术进步与产品创新中完善

基于大数据的精准广告是技术进步与产品创新的产物,连接广告主的这一部分完成了从"不精准"到"精准"的华丽转身,而连接消费者的这一端也必将完成"骚扰广告——精准广告——个性化广告"的演变。行业自律还应该表现在通过行业和企业的共同力量,不断提升精准广告产品的消费者体验。在这个过程中,骚扰的成分将不断降低,广告的相关性不断提升,个性化广告和鲜活的程序化创意不断美化消费者的广告环境。如此,可以提升消费者价值回报,实现消费者与精准广告业的良性价值补

① Ann Cavoukian,《"经规划的隐私权"7 基本原则》,https://www.privacybydesign.ca/content/uploads/2009/08/7foundationalprinciples - chinese.pdf,2015 年 5 月 15 日

偿和价值平衡。

总之,解决隐私困局,对于精准广告的未来至关重要。消费者个人数据和隐私信息如果应用得当,精准广告会给消费者带来贴身服务和便利,也会给广告商带来从没有过的精准效果和投资回报;倘若运用不当,精准广告则会成为严重骚扰消费者的利刃,轻则断送品牌和产品的声誉,重则伤害整个网络广告业的发展。精准广告业者应该在法律的边界内,在行业公认的行为准则和价值判定下收集和运用消费者数据,在为广告主提供广告效率和效果的同时,给消费者带来更好的广告体验。而对于消费者,则可以在“坐享”技术与精准带来的便利的同时也保有自己有价值的个人数据与隐私信息。

参考文献

一、专著

1. Damian Ryan(2014), *Understanding Digital Marketing: Marketing Strategies for Engaging the Digital Generation*, Kogan Page Ltd; 3rd Revised edition

2. David Meerman Scott(2013), *The New Rules of Marketing & PR: How to Use Social Media, Online Video, Mobile Applications, Blogs, News Releases, and Viral Marketing to Reach Buyers Directly*, Wiley

3. Eric Greenberg (2013), Alexander Kates, *Strategic Digital Marketing: Top Digital Experts Share the Formula for Tangible Returns on Your Marketing Investment*, McGraw – Hill Education

4. Kotler, P (1988), *Marketing Management* (5th edition), Englewood Cliffs, New Jersey, Prentice – Hall.

5. Jeff Zabin, Gresh Brebach(2004), *Precision Marketing: The New Rules for Attracting, Retaining, and Leveraging profitable customers*, John Wiley & Sons.

6. Peppers, D. and Rogers, M. (1993), *The One to One Future: Building Relationships One Customer at a Time*, Currency Doubleday, New York, NY.

7. Lisa Spiller, Martin Baier(2005), *Contemporary direct marketing*, Pearson Education Inc. New Jersey.

8. Henry R. Hoke, Jr in Herbert Katzenstein &William S. Sachs(1986), *Direct Marketing*, Columbus, Oh: Charles E. Merrill Publishing Company

9. Vin Jenkins(1994), *Introduction to Direct Marketing*, Longman Australia Pty

10. Stan Rapp, Thomas L. Collins(1987), *Maximarketing: New Direction in Advertising, Promotion and Marketing Strategy*, New York, NY: McGraw - Hill Inc

11. Diaz Nesamoney(2015), *Personalized Digital Advertising: How Data and Technology Are Transforming How We Market*, Pearson FT Press

12. Manuel Castells (2000), *The Rise of the Network Society (Second Edition)*, Blackwell Publisher

13. (爱尔兰) 达米安·瑞安、卡尔文·琼斯著,派力译,《世界最成功的25个数字营销活动》,中国商业出版社,2012年7月

14. (法)路克·杜邦著,赵静译,《1001个广告法则:来自全球最成功的广告宣传创意和策略》,中国华侨出版社,2012年5月

15. (美)莱斯特·伟门著,《直打正着:直复营销之父伟门的创想之旅》,中信出版社,2010年3月

16. (美)大卫·芬雷布著,盛杨燕译,《大数据云图》,浙江人民出版社,2014年1月

17. (美)哈曼、博柏利著, 宫鑫、刘婷婷译,《数字营销解析:揭开用户数据背后的秘密》,人民邮电出版社,2014年2月

18. (美)麦德奇、保罗B. 布朗著,王维丹译,《大数据营销定位客户》,机械工业出版社, 2015年1月

19. (美)佐拉蒂、加拉赫著,屈云凌、李珍译,《精准营销:社会化媒体时代企业传播实战指南》,企业管理出版社,2013年9月

20. (美)斯蒂芬·贝克,《当我们变成一堆数字》,中信出版社,2009年7月第1版

21. (英) 维克托·迈尔-舍恩伯格、肯尼思·库克耶著,盛杨燕、周涛译,《大数据时代:生活、工作与思维的大变革》,浙江人民出版社,2013年1月

22. (英)西奥·西奥博尔德著,陈志伟、刘声峰 译者,《信息的骨头:数字时代的精准传播》,电子工业出版社,2014年7月

23. 陈刚、李丛衫,《关键时刻战略:激活大数据营销》,中信出版社,2014年1月

24. 刘志明、倪宁,《广告传播学》,中国人民大学出版社,1991年2月

25. 王利明,《人格权法新论》,吉林人民出版社,1994年6月

26. (美)科斯等,《财产权利与制度变迁》,上海三联书店,1991年12月

27. (美)理查德·斯皮内洛著,李伦等译,《铁笼,还是乌托邦——网络空间的道德与法律》,北京大学出版社,2007年8月

28. 宫鑫,《google 广告优化与工具》,电子工业出版社,2010 年 7 月

29. 陈刚,《Digital Marketing 颠覆你的营销想象》,电子工业出版社,2015 年 4 月

30. 梅宁华、宋建武主编,《中国媒体融合发展报告》,社会科学文献出版社,2015 年 7 月

31. 吕英斌,《网络营销案例评析》,清华大学出版社,2004 年 1 月

二、论文及其他研究性文章

1. Ann Cavoukian, *seven principles of privacy by design* ,https://www.privacybydesign.ca/content/uploads/2009/08/7foundationalprinciples - chinese.pdf, accessed to on 15 May, 2015

2. Andrei Z. Broder, *An introduction to online targeted advertising: principles, implementation, controversies*, IUI (2011), pp. 103 - 104

3. Andrei Z. Broder, Evgeniy Gabrilovich, Vanja Josifovski , *Information retrieval challenges in computational advertising*, CIKM (2011), pp. 2611 - 2612

4. Blake, Brian F. and Robert Perloff. (1973), *The effect of intolerance of ambiguity upon product perceptions*, Journal of Applied Psychology, 58(2)

5. Chakrabarti, D. , Agarwal, D. , and Josifovski, V. *Contextual advertising by combining relevance with click feedback.* In Proceedings of the ACM WWW, April21 - 25, 2008, Beijing.

6. Chakraborty, T. , Even - Dar, E. , Guha, S. *Selective call out and real time bidding.* Internet and Network Economics (2010), pp. 145 - 157.

7. Charles Clover , *Backlash in China over WeChat's targeted adverts*, http://www.ft.com/cms/s/0/0fd1abc2 - a610 - 11e4 - abe9 - 00144feab7de.html#ixzz3XuIjgCM3, accessed to on 20 April 2015.

8. Christopher Soghoian, *The History of the Do Not Track Header*, http://paranoia.dubfire.net/2011/01/history - of - do - not - track - header.html, accessed to on 2 May 2015.

9. Coney, K. A. (1972), *Dogmatism and innovation: A replication*, Journal of Marketing Research, 9(4), pp. 453 - 455.

10. Desiree De Lima Adam Legge(2014), *The European Union's approach to online behavioural advertising: Protecting individuals or restricting business?* Computerlaw &Security review, (30)2014, pp. 67 - 74.

11. Emma Barnett, *Facebook's Mark Zuckerberg says privacy is no longer a 'social norm'*, http://www.telegraph.co.uk/technology/facebook/6966628/Facebooks-Mark-Zuckerberg-says-privacy-is-no-longer-a-social-norm.htmlpublished, published on 11 Jan 2010, accessed to on 15 May, 2015

12. Eric Picard, *The New Digital Ad Ecosystem*, http://adexchanger.com/data-driven-thinking/the-new-digital-ad-ecosystem/, accessed to on 8 June 2015

13. Haley, R. L (1968), *Benefit segmentation: A decision-oriented research tool*, Journal of Marketing, 32(3), pp. 30-35.

14. Jacoby, J. (1971), *Multiple indicant approach for studying new product adopters*, Journal of Applied Psychology, 55(4), pp. 384-388

15. Jone E. Groman(1986), *Database driven Marketing*, MDM Review, Volume 1(1), April

16. Koponen A. (1960), *Personality characteristics of purchasers*, Journal of Advertising Research, 1(1), pp. 6-12.

17. Kuang-Chih Lee, Jalali A, Dasdan A., *Real time bid optimization with smooth budget delivery in online advertising*, Proceedings of the Seventh International Workshop on Data Mining for Online Advertising. ACM, 2013: 1.

18. Lisa O'Malley et al. (1997), *Intimacy or Intrusion? The Privacy Dilemma For Relationship Marketing in Consumer Markets*, Journal of Marketing Management, 13, pp. 541-559

19. McHugh, Pand Francis, C, *Survey reveals nearly half of web users happy with behaviouraladvertising*, www.out-law.com/en/articles/2012/may/survey-reveals-nearly-half-of-web-users-happy-with-behavioural-advertising-/, accessed on 7th June 2015

20. Nick Wingfield, *Microsoft Quashed Effort to Boost Online Privacy*, http://www.wsj.com/articles/SB10001424052748703467304575383530439838568, accessed on 20 June 2015

21. Nick Carr, *Tracking Is an Assault on Liberty, With Real Dangers*, *The Wall Steet Journal*, published on 9 August.

22. Peter Minnium, *The Definitive Guide To The Digital Display Ad Ecosystem*, http://marketingland.com/digital-simplified-new-advertising-supply-chain-104734? utm_campaign=socialflow&utm_source=twitter&utm_medium=social, accessed on 8 June 2015.

23. Shuai Yuan, Jun Wang, Xiaoxue Zhao, *Real – time Bidding for Online Advertising: Measurement and Analysis*, Proceedings of the Seventh International Workshop on Data Mining for Online Advertising, 2013

24. Samuel D. Warren&Louis D. Brandeis, *The Right to Privacy*, 4 Harv. L. Rev., 1890, pp. 193

25. Sheth, J. N. (1967), *A review of buyer behaviour*, *Managment Science*, 13(12), pp. 719 – 756

26. Wendell R. Smith (1956), *Product differentiation and market segmentation as alternative marketing strategies*, *Journal of Marketing*, 21, pp. 3 – 8.

27. 卢向华,《竞价排名广告的关键词投放策略及其绩效研究——基于淘宝网的实证分析》,《管理科学学报》,2013 年第 6 期

28. 董红英,《精确营销对广告业的影响》,《广告大关(理论版)》,2008 年 2 月

29. 周瑞华,斯科特 · 阿姆斯特朗,《你的哪一半预算浪费了?》,《成功营销》,2014 年第 4 期

30. 商志营,《Ad Network 的瓶颈与发展之道》,《广告大观》,2012 年第 6 期

31. 刘德寰,《小族群中的大趋势》, http://v. 163. com/paike/VA628S47L/VACTGAF3S. html#from = search,2015 年 4 月 5 日

32. 吕惠娟,《略论第二价格拍卖机制》,《当代经济》,2007 年第 5 期

33. 杨晓燕,《中国消费者行为研究综述》,《经济经纬》,2013 年第 1 期

34. 陈思,《大数据背景下基于网络整合数据的消费者行为分析》,《新闻传播》2013 年第 8 期

35. 北京电通网络互动中心,《AISAS 模式——重构网络时代的消费者行为模式》,《现代广告》,2007 年第 2 期

36.《阿里巴巴 G – Aliba 消费者行为模型 全息大数据营销研究探索》, http://www. 36dsj. com/archives/16260,2015 年 6 月 25 日

37. 戴丽娜,《从营销的终点到营销的起点——中国消费者研究起源、演变、规律及趋势》,复旦大学博士论文,2012 年 4 月

38. 冯英健,《用户搜索行为研究: google 搜索结果金三角现象及其意义》, www. marketingman. net

39. 孙予加,《大数据时代的消费者洞察》, User Friendly 2014 暨 UXPA 中国第十一届

用户体验行业年会论文集,2014 年 11 月

40. 王利明,《隐私权概念的再界定》,《法学家》,2012 年第 1 期

41. 张辉锋、吴文汐,《消费者情境的发掘——大数据时代广告投放的新水平》,《西北大学学报》,2014 年 7 月,第 44 卷第 4 期

42. 郭兆辉,《精准移动定营销》,《软件和信息服务》,2014 年 05 期

43. 牛国柱,《互联网精准广告定向技术:一切你该了解的知识总结与整理》,http://www.damndigital.com/archives/58893,2015 年 6 月 24 日

44. Ewan Spence,《移动定向广告?近八成用户认为这是侵犯隐私》,http://3g.forbeschina.com/review/201407/0034073.shtml,2015 年 6 月 28 日

45. 陈建明,《隐私的道德价值》,《科学经济社会》,2010 年第 3 期

46.《RTB 产业链调查》,《广告主》,2013 年第 6 期

47.《〈网络营销与互联网用户数据保护自律宣言〉发布》,http://www.d1net.com/datacenter/news/212284.html,2015 年 5 月 15 日

48. 张大龙,《2014 年中国数字广告程序化购买趋势》,艾瑞峰会,2014 年 9 月

49. 艾瑞咨询,《2012 中国 DSP 行业发展报告》http://doc.mbalib.com/view/987baa63a58f1150381354078fce4493.html,2015 年 4 月 20 日

50. 艾瑞咨询,《2014 中国 DSP 行业发展报告》,http://report.iresearch.cn/2307.html,2015 年 2 月 18 日

51. IAB, *Programmatic and automation – the publisher' perspective*, http://www.ipinyou.com.cn/upload/file/admin/3090070770195134.pdf,2015 年 3 月 25 日

52.《RTB 广告展示分步说明》,http://contest.ipinyou.com/cn/manual.shtml,2014 年 2 月 10 日

53. 中国互联网信息中心(CNNIC),第 35 次《中国互联网络发展状况统计报告》,http://www.cnnic.net.cn/gywm/xwzx/rdxw/2015/201502/W020150203456823090968.pdf,2015 年 6 月 7 日

54. 易传媒,《2014DMP 蓝皮书》,http://www.adchina.com/Marketing/WhitePaper,2015 年 6 月 7 日

后　记

“大数据”已经成为如今最时髦的词汇之一。这本酝酿已久、终于面世的成果居然与大数据联系在一起，如今的广告世界竟然呈现出技术驱动的面貌，这是我在15年前开始进入媒介管理和广告产业研究领域之初所无法想象的。

2002年开始，我们曾与中国报业协会报业经济研究工作委员会合作展开每一年度的《中国报业广告经营调查》，那个时代的报业广告虽已非“鼎盛时代”，但依然光景不错。然而一系列的调查做下来，传统媒体广告经营的“颓势”已经清晰可见。当时我们几乎得出论断：传统大众媒体广告产业必然衰落，而以“精准”为导向的新的广告形式才是发展的趋势。到2010年左右，互联网搜索类和展示类广告的精准投放都已经实现，新的广告业生态系统也在中国初步建立起来，广告技术公司成为投资领域的宠儿。与这些发展形成鲜明的对比，广告研究领域对此的关注和研究急需补上这一课。基于这样的思考，我设计了“新媒体背景下精准广告的运行规律和社会影响研究”这样一个课题。幸运的是这个课题得到了“北京高等学校‘青年英才计划’”的资助，而这本书正是这个课题的最终研究成果。

当我试图真正走进充满技术话语、算法逻辑和复杂流程的新型互联网广告领域，才发现我们这些研究传统广告的人忽然变成了“门外汉”，才开始理解“计算广告”的真正内涵。传统大型的4A广告公司与我们这些研究者有着同样的“尴尬”。2014年1月至4月，我作为研修学者在全球最大的独立广告公司日本电通学习工作了3个月。与电通公司的第一次交流会上我提了这样一个问题：“业界的一种观点认为4A广告的运作和管理模式在这个时代过时了，电通公司怎么看，怎样应对？”在电通工作了26年的资深部长沼野惠非常坦诚地回答：“这是电通高层所意识到的一个巨大的挑战，对这个问题的回答需要所有的广告人共同去找答案。”

尽管困难重重，但我依然相信，大数据、技术和算法改变的是广告作业的工作方法和流程，让广告业更加的高效和智能，但一百多年来广告业的内在发展规律依然没有变，为广告主带来好的回报、为消费者带来好的体验这些基本目标没有变。这也是我最终抛弃了“计算广告”“程序化广告”“RTB广告”等时髦术语，选择了“精准广告”这样一个可以与传统广告时代对接的概念来展开研究的原因。大数据、新技术驱动的广告产业与传统的广告产业，需要理论和实践上的传承与延展。

所幸的是，我的这项研究得到了大量无私的帮助。首先，最重要的帮助来自我的两位聪颖而勤奋的学生：中国政法大学光明新闻传播学院硕士生王宇婷和中国人民大学博士候选人黄琦翔。我一直认为这本书不仅仅是我个人的成果，还是我们这个研究团队共同努力的结晶：我们亲身体验精准广告带来的冲击；我们在“分居”三地的情况下通过微信热烈讨论那些研究中的问题；每一次的激烈讨论之后我们常会兴奋的觉得“豁然开朗”。她们为本书查找了大量的资料，提供了大量的案例素材，没有她们的支持、鼓励和辛勤工作，这本书不可能如期完成。还要感谢业内著名DSP企业品友互动的CEO黄晓南女士，每一次听她的讲座或与她交流都受益匪浅，感谢她的宝贵意见和热情鼓励。感谢日本电通公司的池田京子部长、沼野惠部长和田子琪老师，在电通的研修学习让我对本书多个问题的理解都加深了一步。这本书的不少章节都是在麦考瑞大学访学期间完成的，因此感谢澳大利亚悉尼麦考瑞大学 Julian Knowles 教授和 Naren Chitty 教授在学术和生活上的指导和帮助。尽管这本书的写作"辜负"了不少澳洲的美景，但温暖而舒适的自然环境和人文环境让我苦苦写作的日子也充满了阳光。感谢人民日报出版社的林薇女士，在她的辛勤工作下，这本书才能得以早日付梓。

当然，还要感谢我最亲爱的家人们，感谢给我那么多的支持、理解和包容。

作为一个新闻传播、媒体管理和广告学的研究者，我深知，本书只是大数据广告研究的初始阶段。大量更加深入的研究有待进一步展开，例如，本书曾构想，对大数据精准广告的效果展开实证测量，而这一部分由于时间的关系还没有完成，成为本书的一大遗憾。诸如此类的遗憾，将成为我今后的研究方向和研究动力。

鞠宏磊

2015 年 7 月 30 日